海洋生物医药企业
产学研合作模式选择与绩效影响机理研究

HAIYANG SHENGWU YIYAO QIYE
CHANXUEYAN HEZUO MOSHI XUANZE YU
JIXIAO YINGXIANG JILI YANJIU

孙　杨◎著

中国农业出版社
北　京

前言

伴随医改的深入以及行业生存规则的巨大变化，我国生物医药行业逐渐由仿制阶段步入原始创新阶段，海洋生物医药企业也寻求由单纯制造型企业向创新型企业转型。海洋生物医药自主创新能力的快速提升不能依赖单一创新主体，而是要构建产学研合作创新网络，协同完成创新链各环节的活动。转型过程中，仿制药阶段所形成的简单粗放的产学研合作模式已远远不能满足对于关键核心技术自主研发的需求，分散在产学研各界的创新力量需要更深层次的融合，产学研合作创新网络随之重构。上述现象已经引起了学术界和产业界的关注，但对于企业主导的海洋原创新药研发产学研合作的复杂性及其发展规律尚缺乏系统研究。

基于此，本书立足企业视角，深入海洋生物医药行业，以面向原创新药开发的企业创新转型为背景，沿用“结构-行为-绩效”的分析逻辑，首先解析了海洋生物医药产学研合作创新网络规模和结构，验证了原创新药研发产学研合作行为趋向复杂化的猜想。以此为基础，运用案例研究、结构方程模型等方法，围绕产学研合作模式选择与合作创新绩效影响机理等核心问题开展系统研究，以期深化对海洋生物医药企业产学研合作创新复杂网络特征、合作模式选择、合作创新绩效的影响机理的认识，相关结论可以为复杂学科交叉情境下焦点企业识别合作创新机会、选择投资策略、配置创新资源，以及开展有效的合作项目管理进而提升合作创新绩效提供理论支撑和决策支持；也可为正处于产学研联手迈向原始创新阶段的我国生物医药产业的高质量发展带来一定的借鉴和启示。

由于时间和水平所限，书中难免存在不足之处，敬请读者批评指正。

孙　杨

2023 年 8 月

目录

前言

1 绪论 …… 1

1.1 关于产学研合作创新的研究 …… 1

1.1.1 关于产学研合作创新动力机制的研究 …… 1

1.1.2 关于产学研合作创新网络的研究 …… 3

1.1.3 关于产学研合作创新模式的研究 …… 5

1.1.4 关于产学研合作创新绩效的研究 …… 7

1.2 关于生物医药合作创新的研究 …… 9

1.3 关于海洋生物医药合作创新的研究 …… 12

2 相关概念与理论基础 …… 15

2.1 相关概念 …… 15

2.1.1 海洋生物医药 …… 15

2.1.2 仿制药与原创新药 …… 18

2.1.3 产学研合作创新 …… 21

2.2 理论基础 …… 25

2.2.1 产学研合作创新网络特征研究的理论基础 …… 25

2.2.2 产学研合作模式选择研究的理论基础 …… 27

2.2.3 产学研合作绩效影响机理研究的理论基础 …… 30

3 海洋生物医药企业产学研合作创新网络特征 …… 37

3.1 基本术语解析 …… 38

3.2 研究设计与方法 …… 41

3.2.1 案例选择 …… 42

3.2.2 构念测度 …… 45

3.2.3 数据收集 …… 48

3.2.4 阶段选择 …… 49

3.2.5 数据编码 …… 50

3.3 案例发现 …… 52

3.3.1 第一时期：仿制阶段（阿法骨化醇）开发的产学研合作 …… 52

3.3.2 第二时期：原创阶段（BG136）开发的产学研合作 …… 55

3.4 研究讨论 …… 60

3.4.1 合作网络 …… 61

3.4.2 组织学习平衡模式 …… 62

3.4.3 知识流向 …… 63

3.4.4 资金流向 …… 64

3.4.5 技术能力投入和产出 …… 64

4 海洋生物医药企业原创新药研发产学研合作模式选择 …… 67

4.1 基本术语解析 …… 68

4.2 研究方法 …… 72

4.2.1 案例选择 …… 73

4.2.2 数据收集与分析 …… 75

4.3 案例描述 …… 78
4.3.1 A 制药公司：专注 BG136 商业开发 …… 78
4.3.2 B 制药公司：聚集开发、梯次产出 …… 79
4.3.3 C 制药公司：聚力突破 PROTAC 技术 …… 80
4.3.4 D 制药公司：打造海洋生物医药研发创新链 …… 81
4.4 研究发现 …… 83
4.4.1 海洋生物医药企业对原创新药研发的机会识别 …… 83
4.4.2 海洋生物医药企业对原创新药研发的投资策略选择 …… 91
4.4.3 海洋生物医药企业原创新药研发的资源配置机制 …… 96
4.4.4 海洋生物医药企业原创新药研发产学研合作模式 …… 99

5 海洋生物医药企业产学研合作绩效的影响机理 …… 107

5.1 关键影响因素的内涵 …… 108
5.1.1 合作行为的内涵 …… 109
5.1.2 信任关系的内涵 …… 112
5.1.3 合作动机的内涵 …… 114
5.1.4 创新绩效的内涵 …… 115
5.2 模型构建与假设提出 …… 116
5.2.1 理论模型构建 …… 116
5.2.2 信任的影响关系 …… 119
5.2.3 动机的影响关系 …… 123
5.2.4 行为的影响关系 …… 124
5.3 变量的测度 …… 126
5.3.1 信任水平的测度 …… 126
5.3.2 合作动机的测度 …… 126

5.3.3 投入水平的测度 …… 127
5.3.4 管理质量的测度 …… 128
5.3.5 创新绩效的测度 …… 130
5.4 问卷与数据 …… 131
5.4.1 调查问卷的形成 …… 131
5.4.2 问卷发放与回收 …… 132
5.4.3 样本统计特征 …… 133
5.4.4 数据分析技术 …… 135
5.5 检验与测量 …… 137
5.5.1 共同方法偏差检验 …… 137
5.5.2 量表信度分析 …… 138
5.5.3 变量测量与效度分析 …… 140
5.6 实证结果与分析 …… 144
5.6.1 基本理论关系分析 …… 144
5.6.2 中介作用分析 …… 148
5.6.3 合作管理质量各维度影响分析 …… 151

6 结论与建议 …… 158

6.1 主要研究结论 …… 158
6.2 启示与建议 …… 163
6.2.1 管理启示 …… 163
6.2.2 政策建议 …… 166

参考文献 …… 173

1 绪论

1.1 关于产学研合作创新的研究

产学研合作源于19世纪初德国教育家威廉·洪堡在柏林大学所倡导的科学研究与教育教学紧密结合的思想，之后引起世界各国的竞相效仿。19世纪中期，一些美国企业开始为大学提供资金和设备支持其开展各类科研项目，而大学则通过提供技术服务和指导回报企业，由此产学研合作实现了实质性的飞跃。截至目前，世界各国皆认识到产学研合作创新的重要意义，形成了各具特色的发展模式。实践的发展引起了学界对产学研合作创新问题的关注，取得了丰富的研究成果。以下将从合作动力、合作网络、合作模式、合作绩效及其影响机理等方面展开文献综述。

1.1.1 关于产学研合作创新动力机制的研究

产学研合作创新的动力机制历来是产学研合作研究的重点，相关研究既有理论层面的思考，又有对内外部动力要素的讨论，以及基于主体间关系的探索。其中，从理论层面，学者主要基于成本最小化理论与资源基础理论（Faria et al.，2010）探讨创新主体是否参与产学研合作。根据成本最小化理论，创新主体内部研发与外部协作存在相互替代关系，创新主体会权衡比较两种创新模式的成本和收益，进而选择成本最小的模式开展创新活动，只有当外部协作产生的相对净收益更高时，创新主体才会选择合作创新模式（Becker & Dietz，2004；Cassiman & Veugelers，2006）。资源基础理论则认为产学研各主体所掌握的资源存在互补关系，由此产学研合作创新是异质性资源的联盟，主体间通过建立合作网络共享异质资源并开展高效创新（Xu et al.，2023；肖振红和李炎，2023）。

内外部动力要素研究是产学研合作动力机制研究的重要切入角度。周正（2013）认为内部激励与利益驱动是产学研合作创新的内部动力，而政府支持、市场竞争与市场需求则是外部动力。关于影响产学研合作的内部动力，Jones & Zubielqui（2016）、Sebastian et al.（2018）发现企业规模、企业的研发投入、企业的战略选择等是影响企业产学研合作意愿的重要因素。盛永祥等（2020）将产学研合作过程中的技术成熟度和技术创新度纳入产学研合作意愿的影响因素研究中，指出当技术创新度一定时，技术成熟度越低，企业产学研合作创新意愿越高；技术成熟度一定时，产学研合作创新意愿随技术创新度的提高先升后降。关于影响产学研合作的外部动力，研究主要集中于政府因素的探讨，且多数研究认为政府支持可以有效促进产学研合作创新。如白俊红和卞元超（2015）基于省级面板数据，发现政府支持可以显著促进产学研协同创新；周海涛和张振刚（2016）指出政府科技经费对企业参与产学研合作产生滞后期数的促进作用；陈怀超等（2020）发现正式和非正式制度的支持皆正向影响产学研协同创新的产生。还有学者对市场竞争、金融环境等外部因素的影响进行了关注，如庄毓敏和储青青（2021）基于2002—2016年中国省级面板数据的实证研究表明，金融集聚显著促进区域产学研合作。刘斐然（2022）利用2007—2018年中国上市公司数据的实证研究表明，市场竞争对企业参与产学研合作创新的影响呈U形，其中对绝大部分企业样本而言，市场竞争显著促进了产学研合作创新。

产学研合作主体多元，其合作创新活动受到各种复杂因素的影响，其中主体间的异质性和互补性是合作产生的重要原因，相关研究亦得到学者的足够关注。如有学者关注产学研合作各方在专用性资产方面的差异，其中企业的专用性资产主要包括特定设备和仪器等，而高校和科研院所的专用性资产主要是专业性人才（Kaklauskas et al.，2018；张艺等，2018）。Xu et al.(2018）指出，企业、大学和科研机构之间存在基础研究与应用研究的知识位势差异，这种位势差为科技成果由高位势向低位势的扩散提供了动力，亦是产学研合作产生的基础。由于高校和科研机构的创新成果普遍具有更强的激进性和突破性（Belderbos et al.，2005；Wirsich et al.，2016），而企业自身创新则更多呈现渐进性和应用性，因而企业有借助产学研合作产生的突破性创新成果以开拓全新的细分市场或形成差异化竞争优势的动机（Bertrand & Mol，2013）。Mccabe et al.（2016）认为产学研合作建立在诚信参与基础之上。

也有学者探讨了主体间的相似性和临近性对产学研合作的影响。如胡杨(2022）指出，产学研主体之所以能够开展技术创新合作，不仅仅源于主体之间的差异性和互补性，还因为主体之间存在多个维度的邻近性，多维邻近可以促进产学研之间的互动学习和良好合作。Lane & Lubatkin（2015）发现，技术邻近能够增强主体间的相对吸收能力，让主体间的相互交流和知识转移变得更加容易，从而能够基于已有技术在创新活动中进一步开展深度合作。Balland（2012）则认为合作主体之间并非越邻近越好，太多或太少的邻近皆不利于创新，邻近关系在不同创新阶段的影响效应存在差异。

1.1.2 关于产学研合作创新网络的研究

合作创新网络基于协同创新理论而产生。协同创新起源于德国物理学家

Haken提出的“协同学”理论（Haken，1973），Tidd et al.（2005）进一步将创新理念与协同学理论进行融合而形成协同创新理论。协同创新是创新主体运用协同思想（Serrano & Fischer，2007），在复杂环境下进行知识和技术的跨界分享，并相互协调与高效创新的过程（Dussauge et al.，2004）。协同创新的实施需要创新主体之间形成能够进行信息、技术和思想交流的网络（Gloor，2006），创新主体在复杂交互作用下高效率实现创新目标（解学梅和方良秀，2015）。随着技术创新复杂性的增强，企业之间的合作创新已不足以解决创新中存在的问题，合作创新的主体逐渐扩大至大学、科研院所、政府等，形成了合作创新的复杂网络系统。诸多学者对合作创新网络的来源与概念进行了界定，但合作创新及其网络的多主体性、多层次性及复杂性决定了其内涵的多变性，学术界对此尚无统一解读。但一般认为其是政府、大学、企业、科研机构和中介组织等多元异质性主体凝聚共识、集体合作、协同发展和共同促进科技创新过程中形成的有机体系和运行模式（方炜和王莉丽，2018）。

总体来看，创新组织模式遵循“封闭式创新-合作式创新-开放式创新-协同创新”的演变路径（Lee et al.，2012），创新组织模式的选择与创新任务的复杂性和创新环境要求相匹配，并呈现出不同的创新合作关系和创新要素整合形式（Anderson & Potocnik，2014）。其中，产学研领域是应用协同创新理论最多的领域，企业、大学、科研院所等产学研创新主体围绕创新目标构建协同创新网络，打破人、财、物、信息、知识以及组织边界开展全方位交流与合作，实现资源获取、降低成本、提高效率（Xie et al.，2016）、促进持续创新（La Rocca et al.，2016）、增强技术研发可控性（Wu et al.，2019），以及提升企业竞争力（Benhayoun et al.，2020）等目标。

此外，也有学者对产学研合作创新网络的演化过程与规律进行了探讨。如曹霞等（2020）以新能源汽车产学研合作创新网络为分析对象，探讨了市场机制与政府调控下产学研合作创新网络中创新主体合作行为与网络结构的演化规律，结论之一为市场机制和政府调控对于创新主体维护合作行为有促进作用。苏屹等（2022）基于 2007—2019 年我国石墨烯产业产学研联合申请专利数据构建了石墨烯产业的产学研合作创新网络，并探究其网络结构和演化过程，揭示了石墨烯产业存在合作联系较松散、技术研究水平不均衡、区域合作不紧密等问题。Zhou et al.（2023）基于低碳转型背景探究了碳中和技术产学研合作创新网络的演进过程与特征。

1.1.3 关于产学研合作创新模式的研究

产学研合作是推动各种创新要素有序流动与融合共享、实现科技成果转化运用的重要途径，而恰当的合作模式是决定合作成功的重要方面（许海云等，2022）。从国内外产学研合作创新实践来看，各个国家形成了各具特色的发展模式，如美国的大学科技园、企业孵化器、合作研究中心、大学衍生企业等模式；德国的校研机构合并和创新人才培养模式；日本以政府为核心所产生的委托研究、企业捐赠、建立科学园区等模式。我国在产学研合作创新实践中也形成了自己的特色模式。需求牵引下，国内外关于产学研合作创新模式的研究也取得了较为丰富的成果。

产学研主体的特点和动机存在差异，参与合作的约束条件也不尽相同，决定了实践中的产学研合作存在不同模式。现有研究涉及的产学研合作模式包括专利转让模式、转移机构模式、校办企业模式、科技产业园区模式、技术入股模式、联合研究模式等（Allen & Taylor，2005；崔旭和邢莉，2010；Lee，2011）。国内外组织和学者基于不同分类视角对产学研合作模式进行了探讨。如经济合作与发展组织（OECD）基于合作方式和合作程度，划分了一般性研究支持、非正式合作研究、契约型研究、知识转移和训练计划、参与政府共同研究计划、研发联盟、共同研究中心等产学研合作模式。

李廉水（1998）同样基于该分类视角，将产学研合作模式划分为政府推动、自愿组合、合同连接、共建实体四类。苏敬勤（1999）基于交易成本视角将产学研合作模式划分为内部化模式、半内部化模式以及外部化模式。张米尔和武春友（2001）基于交易费用结构视角，划分了技术入股、提成支付、紧密合作、技术接力和自主产业化模式。谢开勇等（2002）基于功能视角划分了人才培养型、研究开发型和生产经营型产学研合作模式，基于合作主体关系视角划分了校内产学研、双向联合体、多向联合体和中介协调型模式。原长弘（2005）从合作契约关系角度将产学研合作模式划分为技术转让、联合开发、委托开发、共建实体四类，从合作发起者视角划分为大学与研究所推进型、企业拉动型、政府组织型三类。Matt（2006）提出了合作研发、合同研究、合作教育、技术产业化四类产学研合作模式。李成龙和叶磊（2011）基于互动的强度、时间和形式将产学研合作划分为低互动型、中互动型和高互动型三种类型；鲁若愚等（2012）按照合作紧密程度，划分了技术转让、委托研究、联合攻关、内部一体化、共建基地、共建实体等六类模式。高兴民和张祥俊（2015）则按照主体参与程度，将产学研协同创新模式归纳为技术转让、联合研发和共建实体三个主要阶段。曾祥炎等（2016）从分配角度划分了产品收益分成、一次付款外包、分期付款外包、研发团队入驻企业和复合方式等五种分配模式，并分析了不同分配模式对合作创新效率的影响差异。姜彤彤（2017）从主体地位的视角对不同的模式进行了分类，包括政府推动型、高校主导型、企业主导型以及共建型四类模式。丁祺和张子豪（2018）从参与度视角将产学研合作创新划分为项目纽带、协作平台以及战略共同体三种模式，三种模式的层次和关系紧密程度依次增强。王海军和祝爱民（2019）则主张按照合作程度和知识流动两个维度对产学研合作模式进行分类。从参与主体来看，一般认为企业、高校和科研院所是“产学研”合作创新的主要参与主体，也有学者将政府、金融机构、中介机构、顾客等多类主体纳入其中，产生了“政产学研”“政产学研金介”“政产学研金服”“政产学研金服用”等创新模式（王凡，2021）。许海云等（2022）根据产学研合作内容，以及模式主导者、高校与企业在模式中占比等因素，将产学研合作模式划分为以高校主导的模式、以企业为主导的模式以及高校-企业共建模式三种类型，并提出了基于科学-技术关联特征的产学研合作模式识别方法。

也有学者对产学研合作模式的选择和差异进行了讨论。如谢园园等（2011）围绕产学研合作模式的影响因素进行了研究，指出合作程度、政策环境对产学研合作形式的选择有显著影响。王晓明（2015）指出，不同国家和地区由于体制机制不同，会产生不同的产学研合作模式；不同企业、大学和科研院所由于自身条件和需求的不同，会选择不同的产学研合作模式。

1.1.4 关于产学研合作创新绩效的研究

目前学界关于产学研合作创新绩效的研究主要集中在绩效影响因素、绩效测量、影响效应等方面。关于产学研合作创新绩效的影响因素，部分学者关注到诚信的作用，认为诚信是产学研合作成功的基础（任媛媛等，2017；de Wit - de et al.，2018；Alexander et al.，2020；陈伟等，2020；Meng et al.，2022），对产学研合作深度影响显著（陈柳，2015），诚信缺失所引致的机会主义行为是产学研合作低效的重要原因（Vega - Jurado et al.，2017；Johnston & Huggins，2018；Stergaard & Drejer，2021；李梅芳等，2018），而产学研合作诚信既是个人和企业行为，亦是社会和制度行为（Patnaik et al.，2022）。也有学者从交易成本角度探讨产学研合作绩效的影响因素，关注了产学研合作中的沟通成本（Silva et al.，2021）、信息成本（Borah et al.，2020）、谈判成本（Corejova & Jaros，2016）、项目实施中的培训和咨询等成本（Hoppmann，2021）、履约成本（Tijssen & Wong，2016）、监督成本（罗琳等，2017）、资产专用性成本（Caloghirou et al.，2021）等。还有学者探讨了动机、合作关系选择、合作广度与深度等对产学研合作绩效的影响。如 Neely et al.（1995）认为动机作为合作形成的出发点，是影响产学研合作绩效的根本因素。企业、高校和科研院所在本质属性上的差异带来合作动机与价值观的区别，具体来说，高校和科研院所注重基础知识研究和学术产出，而企业则追求由创新产品或技术产生的直接经济效益，这种动机或目标的不一致是影响合作绩效的关键因素，若得不到合理协调将会造成合作绩效偏差（Nelson，2004；Bruneel et al.，2010）。Cui et al.（2022）指出产学研合作坚持市场价值还是技术价值导向会影响合作基地的选址，进而影响创新绩效。徐梦丹等（2017）指出，在创新过程的研发等阶段，主体对合作关系的不同选择也会影响合作程度。蔡建新和田文颖（2022）以企业类工程技术研究中心为对象，实证研究了产学研合作广度和深度对企业双元创新绩效的影响，指出产学研合作广度对利用式创新和探索式创新均有显著促进作用，合作深度则仅对探索式创新有显著促进作用。Wang et al.（2023）实证检验了产学研合作网络规模对合作创新绩效的影响，并揭示了社会资本在合作网络特征对创新绩效的影响中所发挥的部分中介作用。

管理机制对产学研合作创新绩效的影响也受到学者的关注。如 Barnes（2002）认为管理机制是否高效是决定产学研合作绩效高低的关键因素，合作主体彼此间是否相互了解、是否有明确的利益分配机制、沟通与交流是否畅通等都对合作绩效高低产生影响。胡刃锋等（2015）认为知识共享机制是推动协同创新的关键环节。杨陈和徐刚（2016）研究表明构建长效合作机制是协同创新必不可少的重要一环。部分学者关注了协同创新中利益分配与风险分担机制的作用。李林等（2020）基于已有研究成果总结了总额分配、提成分配、混合分配以及股权分配四种典型的利益分配方式。沈云慈（2014）则研究了基准分担、干预分担以及系统分担三种风险分担模式。张清华等

(2017) 提出利益共享机制越透明，合作创新目标越容易达成。李林等(2022) 肯定了风险管理与知识管理在合作创新过程中的重要性，并通过实证研究证明了社会系统风险、技术系统风险、项目管理风险负向影响协同创新项目绩效，而知识管理能力可以削弱上述不利影响。

关于产学研合作创新绩效的测量，Bonaccorsi & Piccaluga (1994) 认为产学研合作创新绩效的测量应建立在合作主体期望之上，综合考虑动机与绩效影响路径构建合作绩效评价模型。Hong & Su (2013)、刘斐然等 (2020) 以企业与高校、科研机构的联合专利申请数量测度产学研合作水平。Leonchuk & Gray (2017) 认为在度量产学研合作绩效时，不仅要关注产品性能和研发周期等指标，还要关注产品的市场适应性。Neves et al. (2021) 提出产学研合作绩效的测度还应关注高校以及研究机构的学术成长性和学术成就。高霞等 (2019) 将合作广度定义为合作伙伴类型的广泛程度，将合作深度界定为跨组织研发合作的平均次数。梁少波和宋燕 (2021) 则用合作主体的研发经费投入来衡量产学研合作程度。翟翌 (2020) 将产学研合作程度界定为合作过程中获取、披露、交换资源的深入程度。胡杨和李郇 (2017) 将技术创新过程划分为两个阶段，并以合作主体在不处于主导地位的阶段的参与状况来反映合作程度。余元春等 (2017) 认为应从技术、市场、成本、研发周期、学术价值等角度评价产学研创新绩效。杨小婉等 (2021) 认为应在借鉴西方经验的同时，结合我国具体实践设计产学研合作绩效评价指标。

1.2 关于生物医药合作创新的研究

目前全球生物医药创新体系呈现出多学科、跨组织战略联盟协同研发的新趋势，市场、研发与生产之间的联系与协调互动大大加强。由此，生物医药科技创新体系应该是一个由生物医药领域研发机构、新药筛选及评价中心、生物医药生产企业、投融资机构、科技服务中介机构及科技管理部门等单位和部门密切合作、协调互动的综合创新群体（邬亮等，2007）。Ebers & Powell（2007）指出，生物制药产业的成功依赖于众多组织的共同投入，包括高校、风险投资基金、制药商、政府、生物技术公司等。具体而言，在靶标发现与确认阶段，生物制药公司与其他制药商、生物技术公司、大学或研究机构形成联盟进行靶标开发；在先导化合物开发阶段，生物制药公司通常与生物技术公司签订技术服务合约，偶尔也同高校/科研中心合作；在预临床阶段，生物制药公司通过引入技术授权向生物技术公司或其他制药公司购买候选药物；在商业化阶段，制药商与其他制药公司，有时候是生物技术公司形成联盟，以期获得生产线或销售渠道方面的支持；在预临床和临床Ⅰ期，生物制药公司为生物技术公司提供与其研究成果相关的技术服务；在临床阶段，生物制药公司向大型制药商授权，出售其研发的候选药物(Bianchi et al.，2011)。

丁宁和吴跃伟（2012）指出，技术创新作为生物制药产业的首要活动，受到高校的知识产权、基础研究领域的公共投入、商业化的基金机制等多方面因素的影响。Angell（2004）指出生物技术对公共科学具有高度依赖性，那些真正具有创新性的疗法往往由非营利性学术研究中心或研究机构产生。Toole（2012）证实美国公共投入对新疗法进入市场有重要影响。McMillan et al.（2000）、Autant-Bernard（2002）认为在基础研究领域的公共投入促进生物技术产业创新。Coriat & Orsi（2002）、Lazonick（2002）认为基金机制对产业创新输出有重要影响。此外，风险投资者尤其关注临床试验的结果，审批的延迟对公司市值以及投资者信心也会造成重要影响（丁宁和吴跃伟，2012）。

生物医药合作创新网络的研究一般是从企业、产业等层面开展，包括以创新网络的结构属性、行为演变以及绩效影响等为研究对象，选取或构造相关指标用以度量合作网络的规模与结构，并展开相关模式创新和定量分析研究。关于创新网络结构，万媛媛等（2022）借助2000—2018年合作专利数据探讨了高校在生物医药创新网络中的地位及作用机制，指出高校等级是与生物技术企业合作的关键，学科优势、地理邻近性等有利于高校与制药企业结网；高校基于不同知识基础与产业内各行业企业合作是创新的关键。马菁等（2022）基于2001—2018年长三角地区生物医药产业合作申请专利数据的研究，指出长三角地区城市间生物医药产业创新网络的构建，不仅受到自身经济发展水平、产业结构、外商投资和地理邻近性等因素的影响，也受到城市内部创新网络密度的影响，且城市在全国创新网络中的地位亦会对区域内城市间创新合作的构建产生正向效应。李树祥等（2022）对江苏省生物医药产业的专利引用和创新知识流动进行研究后，指出高校在生物医药专利技术中占有重要地位，并承担着重要的知识流动桥梁作用。李树祥等（2021）利用江苏省2005—2019年生物医药产业产学研专利合作数据，分析不同时期产学研专利合作网络的演化特征，提出在生物医药领域的产学研合作中需要重视高等院校和科研机构的作用。王飞（2019）阐述了美国生物医药创新生态体系的运行机制，分析了企业、美国国立卫生研究院、研究型常青藤名校等学术机构、健全的医疗保障体系、药物开发相关的政策法规体系，以及风险投资等在美国生物医药产业发展中的作用。

也有学者对生物医药创新绩效及其影响因素进行了研究。贺正楚等（2020）采用2013—2017年生物医药上市公司数据，构建了股权融资、债权融资和内源融资三种融资方式的生物医药产业融资效率评价体系，对中国生物医药企业融资效率水平进行了测算。李钰婷和高山行（2021）围绕制度资本对生物医药企业突破性创新的影响进行了研究。邵云飞和谢丽（2022）基于生物医药上市企业发明专利数据围绕网络结构嵌入对企业突破性创新绩效的影响进行了研究，证实网络中心度与企业突破性创新绩效呈倒U形关系，结构洞可以促进企业突破性创新绩效提升。万伦来等（2022）在测算长三角生物医药产业高质量发展水平的基础上，指出长三角地区生物医药产业发展的主要障碍因素在于全员劳动生产率不够高、R&D 经费支出不足和总资产贡献率相对较低。

另有学者对我国生物医药创新体系存在的问题进行了探讨。如邬亮等（2007）指出，我国生物医药研发中存在的问题包括技术创新主体上中下游发展不协调，科研成果转化率低；技术创新资金严重不足；资源共享程度低，缺乏整合；缺乏合作创新与协同创新意识；研发机构的可持续发展生态环境尚未形成，缺乏共生进化机制等。赖秋浩和茅宁莹（2021）指出，我国生物医药孵化器运营中存在信息共享不足、运行机制不够健全以及监督体系有待完善等问题。

1.3 关于海洋生物医药合作创新的研究

早在 20 世纪 50 年代，人类就开始从特殊海洋生物体中分离具有特异生物活性的化合物，拉开了海洋生物医药产品开发和产业发展的序幕。美国是最早开始海洋生物医药研究的国家。之后，海洋生物医药研究在更多国家兴起并得到更多重视。20 世纪 70 年代末，海洋生物医药领域的研究出现了第一个高潮，海洋药用化学复合型分子、海洋药物分类学等研究分支得以涌现，并面向人体生理疾病着手探索海洋药物产品，海洋生物资源开发与药物合成方面的研究加快推进。20 世纪 80 年代后期至 21 世纪第一个 10 年，有代表性的是美国生物医药企业西雅图遗传学公司、欧洲海洋生物医药企业 PharmaMar 公司、Elan 公司和日本海洋生物医药企业卫采制药，分别利用与学者、科研机构、大学合作的独创技术从海兔、海鞘、芋螺、海绵中发明了治疗霍奇金淋巴瘤的维布妥昔单抗（Adcetris®）、抗癌药曲贝替定

(Yondelis®)、镇痛药齐考诺肽（Prialt®）和治疗乳腺癌药艾日布林(Halaven®)，均获美国食品药品监督管理局（FDA）批准上市应用。之后，全球范围内美国、中国等国家更多海洋药物研发成功，海洋生物医药开发步入快速发展期。

海洋生物医药开发实践的发展推动了学界关于创新模式和创新路径的思考。如 Bianchi et al.（2011）提出在海洋生物研发的不同阶段，应该选择不同的合作对象和组织行为模式。Lindequist（2016）从海洋环境、海洋生物资源、药源供应、基因工程、诊断和实验工具等方面阐述了海洋药物开发面临的机遇与挑战，并强调海洋药物开发的成功在很大程度上取决于生物学家、化学家、生物技术学家、药剂师与医生之间，以及大学、医院和企业之间密集的跨学科合作。Sigwart et al.（2021）指出，海洋生物的巨大多样性已被证明是药物发现的丰富灵感来源，海洋天然产物开发的成功率比其他天然衍生化合物高 4 倍，但长期资金不足、资源瓶颈、开发技术限制等因素导致其开发潜力未能充分显现，并据此提出了拓宽海洋生物药源发现渠道的五条具体路径，包括投资于基础研究、培育学术界与产业界的公平合作、共同承担基础研究阶段的风险和收益、为早期专业研究人员提供充足机会并鼓励其从事高风险研究、在全球范围内共享数据，以及从源头上保护遗传多样性。

我国对海洋生物资源进行药用的历史悠久，《神农本草经》《本草纲目》《本草纲目拾遗》等著作中皆有相关记录，但现代海洋生物医药研究则始于 20 世纪 60—70 年代。1979 年，伴随第一届海洋生物药物座谈会的召开，相关研究进入新的阶段。胡月妹和卞如濂（1986）提出应认真开展海洋生物资源药物研究，并做好资源共享工作。之后，越来越多的学者对海洋生物医药产业发展及其相关的技术创新问题进行了关注，但更多研究立足于产业发展面临的问题层面（从俊杰等，2013；吴欣和魏博，2014；张立军，2014；白福臣和林凤梅，2015；李骏等，2021）。

关于海洋生物医药合作创新，顾劲松（2008）提出应借鉴欧洲模式推动海洋生物医药研究与开发。向云波和徐长乐（2011）指出应立足于自主创新，依托科技医药园区和高层次实验室的联合运作实现海洋生物医药产业的跨越式发展。黄盛等（2015）提出集聚发展是解决我国海洋生物医药产业面临的海洋药物研发进展缓慢、科研成果转化率低等问题的有效途径，而要实现集聚发展必须积极培育领军企业并推动企业与科研机构的合作。单蒙蒙（2017）对张江生物医药产业创新生态系统的协同演化问题进行了研究。郭越等（2017）对海洋生物医药科研成果产业化的影响因素进行了研究，提出政府应积极引导产学研紧密结合的技术创新合作。付秀梅等（2018）在关于要素配置对海洋生物医药产业发展作用机理的研究中，强调了技术、人才、资金等要素的作用，并提出应有针对性地加大研发投入，建立技术联盟与共享平台，完善国家药物创新体系。刘睿和吴皓（2018）提出要在“政产学研”模式下开展海洋生物医药研发创新。张艺和孟飞荣（2019）在关于海洋生物医药基础研究竞争力的分析中指出，海洋生物医药基础研究是外延性较广的跨学科研究领域，涉及化学、生物学、药理学、肿瘤学等学科类别；大学和研究院所是海洋生物医药基础研究的主力，只有少数医药企业参与其中，而这与海洋生物医药基础研究的高风险、高投入、长周期等特征密切相关。付秀梅等（2020）运用随机前沿分析方法对海洋生物医药产业创新效率进行了测算，指出我国海洋生物医药产业创新效率呈上升趋势，但整体效率较低。付秀梅等（2020）提出，应建立以医药企业为主导，以科研院所为支撑，以市场需求为目标，以产品为核心的海洋生物医药研发模式；在该模式下，医药企业应充分发挥市场把握能力，在准确评价和判断研发项目市场前景的基础上，基于具体需求合理选择具体的合作研发模式。

2 相关概念与理论基础

2.1 相关概念

2.1.1 海洋生物医药

随着科学技术的不断进步，海洋生物医药的内涵日益丰富，既包含预防和治疗人类疑难杂症的海洋生物医药制品，也包括促进生命延年益寿的系列海洋功能制品。相关概念包括：

（1）海洋药物

根据《中华人民共和国药品管理法》，药品系指用于预防、治疗、诊断人的疾病，有目的地调节人的生理机能并规定有适应证或者功能主治、用法和用量的物质，包括中药、化学药和生物制品等。借鉴上述概念，可将海洋药物（亦可称为海洋药品）界定为以海洋动物、植物和微生物等海洋生物为药源，运用现代科学方法和技术研制而成的，用于预防、治疗、诊断人的疾病，有目的地调节人的生理机能并规定有适应证或者功能主治、用法和用量的物质。海洋药物包括海洋中药、海洋化学药和海洋生物制品类药物三类，其中海洋中药通常指在中医药理论指导下，按我国新药审批要求由海洋药用生物研制而成的药物，按海洋药用生物的性味和功效，多与其他中药材配伍成复方中药；海洋化学药，是以从海洋生物中提取、分离、纯化得到的生物活性成分作为药物先导化合物，进而经化学合成或半合成方法研制而成的海洋药物；海洋生物制品类药物，即运用基因工程、蛋白质工程、细胞工程和发酵工程等生物技术从海洋生物中获得的海洋药物。

（2）海洋生物医药

生物医药通常有广义与狭义之别。广义的海洋生物医药包括用海洋来源的药用物质和材料制备而成的海洋药物、医疗器械、特殊食品、药妆及相关制品；从产业链分布来看，覆盖了从基础研究、科学发现、产品开发、产品制造、销售至终端消费者等整个医用治病防病链条。而狭义的生物医药是指以现代生命科学为基础，结合基因工程、细胞工程、酶工程、蛋白质工程、发酵工程等手段，从生物体或其组织、细胞、体液中提取得到用于疾病预防、治疗和诊断的生物医药产品、生物制品等药物的总称，主要包括抗体、重组蛋白、疫苗、基因治疗和细胞治疗药物等。

本研究所指的海洋生物医药主要指以海洋药物为代表的广义海洋生物医药。

（3）海洋功能制品

功能制品，或称功能性制品，是指具有与生物防御、生物调整、恢复健康等有关的功能因子，经设计加工而成，对生物有明显调整功能的制品。本研究所涉海洋功能制品，是指除海洋生物医药制品外，以海洋生物或矿物为原料，以其具有的与生物防御、生物调整、恢复健康等有关的功能因子或微量元素，经设计加工而成，对生物和环境等有明显调整功能的制品，如海洋活性因子、日用化妆品、酶制剂、微生物制品、新型抑菌材料等。海洋功能制品服务和应用的行业与场景广泛，包括农林牧渔、石油化工、轻工食品、服装纺织、环保绿化、旅游休闲等领域，应用行业可参考《国民经济行业分类与代码》（GB/T 4754—2017）。

海洋生物医药开发是知识高度集聚、技术要求严苛、强调陆海统筹的复杂学科交叉领域，呈现出如下特征。一是高学术密集性。海洋生物医药开发是生物学、化学、药学、海洋学、医学、物理学和管理学等多学科的交叉，知识与技术含量高，基础研究和源头发现在海洋生物医药领域扮演重要角色，因此世界各国普遍加大海洋生物医药基础科学的支持力度，从资源挖掘、领域配置、政策引导、基础建设、人才教育等方面进行了全方位投入。二是高投入性。在海洋生物医药研发与生产过程中，不仅需要大量的资金投入，还需要标准要求异常严格的环境与高端设备。通常情况下，基因工程新药的开发需要 1 亿～3 亿美元，1 类新药产品开发则需要 3 亿～5 亿美元。三是高风险与不稳定性。海洋新药从发现到上市使用的全过程中，涵盖了海洋探测、药源挖掘、先导优化、药物研发、药物制造和药品销售等环节，任何一个环节都存在极大的不确定性。四是高回报性。与高风险性相对应，海洋生物医药产品尤其是创新药成功上市后，拥有比较高的独占性和回报率，特别是创新药凭借专利保护产生的技术垄断使其能够在上市 2～3 年后即可收回全部成本，进而获取专利保护期内的高利润。五是开发周期长。海洋生物医药从发现到转化为产品所需环节较多，除研发、临床试验、成品生产等环节外，上市前还需要一系列的审批过程，时间跨度较长。随着技术的进度，目前生物医药产品的平均开发时间虽略有缩短，但一般仍不少于 8 年。六是高进入壁垒。海洋生物医药开发在技术、人员、资金、政府规制、专利权、市场结构等方面形成了比较高的进入壁垒。

（4）海洋生物医药企业

海洋生物医药企业是指对海洋药用资源持续进行研究开发与成果转化，并以此为基础开展经营活动的知识和技术密集、带有一定学科发展依赖属性的经济实体。它是从事海洋生物医药及其功能制品研发、生产、流通与服务等经济活动的营利性组织，通过开展各种海洋科技和医药健康领域生产经营活动创造物质财富，提供满足社会公众物质和文化需要的产品与技术服务，在海洋经济和医药行业中占有重要位置。这类企业基于高新技术交叉和新业态产品集成的特点，特别依靠海洋新药源资源挖掘、基础研究及技术积累，对产学研合作有较为刚性的需求，尤为强调与学科协作发展；企业发展与战略管理具有一定的特点，行业生态特征体现为高度依赖较大尺度的跨学科交叉进而造成的创新情景复杂多变，需要进行深度融合的产学研设计。另外，由于海洋生物资源是一国极其重要的战略资源之一，该类企业发展需要国家行为支持。从新兴市场的角度看，该类企业现阶段具有一定的"边缘创新"和"界面创新"的属性，创新创业早期在主流市场之外挖掘新兴的产品与需求，在边缘蓝海独立成长，依靠聚变培育合作伙伴核心；基石稳固后，迅速裂变成长为主流竞品企业，合作伙伴群体随之多元。因此，研究海洋生物医药企业产学研合作创新背后的逻辑，对于揭示国家战略性新兴产业培育过程中的企业行为，和医药公司从生物技术（Biotech）成长为生物制药（Biopharma）过程中如何伴随新兴学科和市场发展迅速演进的规律，以及如何实现快速跟踪（Fast follow）到同类第一（First in class）研发模式转型直至达到有能力通过产学研合作创制同类最优（Best in class）药物的目标，具有一定的启示作用。

2.1.2 仿制药与原创新药

总体来看，我国生物医药行业的发展经历了由跟踪仿制到模仿创新再到原始创新的阶段转换。其中，跟踪仿制阶段（1950—1999 年）以仿制国外药物为主要特征，该阶段所开展的研究立足于解决具体合成或制剂的工艺难题，缺乏系统创新。从成效上来看，该阶段的仿制药工艺技术、质量控制等与原研产品差距较大。伴随中美知识产权谈判和中国加入世界贸易组织（WTO），我国生物医药企业不能再无偿仿制国外医药专利产品，医药行业步入模仿创新阶段（2000—2019 年）。该阶段虽然围绕新的化学结构开展了新药研究，并在具有自主知识产权的创新药研发方面取得了一些成绩，但整体来看，该阶段的新药研发仍以对国外已有新药的跟进和模仿创新为主。2020 年以来，我国生物医药行业步入原始创新阶段，逐步实现由“跟跑”向“并跑”进而向“领跑”的跨越，越来越多的原始创新产品得以推出。从研发技术和过程的复杂性来看，仿制药与原创新药具有明显差异，以下将对二者的概念特征进行阐述。

原创新药，或称原研药，是经过对成千上万种化合物进行层层筛选和严格的临床试验才得以获准上市的具有自主知识产权的药物。相对于仿制药，原创新药强调化学结构新颖或具有新的治疗用途，对中国建设创新型国家、降低对国外新药的依赖意义重大。仿制药是指模仿原创新药，与原创新药具有相同活性成分、剂量组成、给药途径、作用以及适应证，但在形状、释放机制、赋形剂（非活性成分）、包装、有效期等方面往往有所差异的药品（延峰等，2018）。仿制药对降低医疗支出、提高药品可及性等具有重要意义。

原创新药与仿制药在研发技术和过程的复杂性、研发投入、研发风险、成功上市后的价格等方面呈现出显著差异。其中，原创新药的研发过程更为复杂。可以看出，原创新药的研发涵盖临床前研究和临床研究，二者均完成后才能获批上市并生产销售。其具体研发流程为：第一，企业围绕药物开发与专利保护政策、市场需求、研发能力、资金情况、投入产出等开展充分调研与论证，做出项目立项决策，通常持续 4 个月以上的时间。第二，若项目获批立项，则进入临床前研究阶段，研发内容涉及合成工艺、提取方法、理化性质与纯度、剂型选择、处方筛选、制备工艺、检验方法、质量指标、稳定性、药理、毒理等。基于药物复杂性和研发能力的差异，该阶段通常持续 9～24 个月。第三，汇总编制相关文档并提交药物监督管理部门，申请开展新药临床试验，获批时间通常在12个月以上，若获许可则进入临床研究阶段。第四，开展Ⅰ、Ⅱ、Ⅲ期临床试验，通常需要3～5年。该阶段旨在检验药物的副作用，以及是否与适应证相符，若不符合相关标准则需要重复临床前研究阶段，或对药物适应证进行调整；若问题比较严重，则可能终止开发进程，并宣告开发失败。从国内外原创新药开发实践来看，进入该开发阶段的药物绝大多数以失败告终。第五，新药上市申请阶段。前三期临床试验均通过后，药物开发主体即可按照相关政策要求，向药物监督管理部门提交新药生产和上市申请。第六，上市申请审批阶段。接到新药上市申请后，相关部门组织专家审核新药生产条件及临床试验数据，审批通过则下发生产和上市许可。第七，为进一步掌握更大规模用药情况下的药效及安全性数据，部分新药还需要开展上市后的Ⅳ期临床试验（图2-1）。

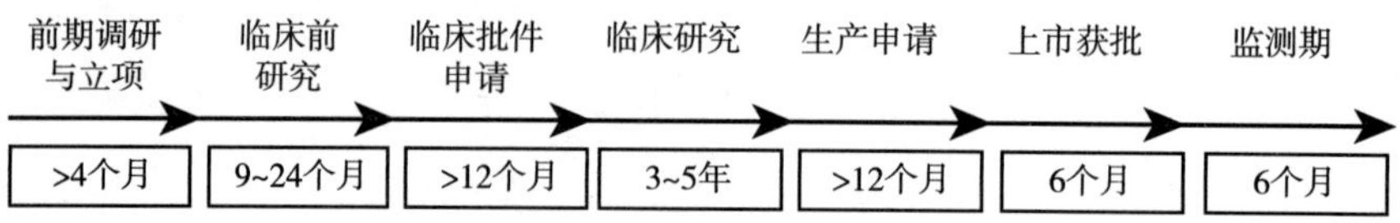

图2-1　原创新药研发流程（延锋等，2018）

此外，原创新药研发的技术需求更高、耗时更长、投入更大。一个原创新药在研发过程中需要研究的化学结构通常超过4 000个，筛选评价花费大。同时，其研发成功率却极低，从而对新药开发企业的研发能力和风险承受能力提出了要求。与巨大的开发风险相对应的是原创新药成功开发所带来的丰厚利润。按照相关政策法规，原创新药企业可以对新药化合物申请保护期约20年的核心和外围专利，保护期内其他制药企业或个人不能仿制，因此原创新药开发企业可以通过制订较高价格补偿前期开发成本并获得超额利润。

相比而言，仿制药的开发过程则相对简单，技术难度和相关投入更低，所需时间更短，开发风险更小，但也与原创新药存在极大价差，利润亦更低。由于已提前掌握了药物有效成分的化学结构等相关资料，仿制企业可以模仿其化学结构，在临床前研究阶段仅需关注合成工艺、理化实验、质量标准、制剂配方等方面（工艺、制剂配方等通常为保密信息），临床试验也可以通过考察生物等效性来代替临床人体试验，因此可以大大提高开发成功率，并节省时间和成本。一般而言，一个仿制药从立项到上市通常仅需要3～5年，成本通常低于24万美元（延峰等，2018）。由于仿制药市场竞争异常激烈，仿制企业间的价格战愈演愈烈，导致价格和利润越来越低，为寻求生存和发展，仿制企业不断寻求降低成本的思路。仿制药一致性评价促进了我国药企优胜劣汰，目前很多国内药企为获得更多竞争力已经在全面强化原创新药研发。

2.1.3 产学研合作创新

在国家、区域、行业的创新体系中往往存在企业、高校和研究机构等不同类型的创新主体，各主体价值取向存在差异，在缺乏沟通和合作的情况下，创新主体间的创新活动极易出现理论与实践的脱节，高校和研究机构的基础学科建设难以满足重大的工程应用，而单纯依赖企业内部创新资源也难以满足企业的创新需求（刘雨梦和郑稣鹏，2022）。特别是随着技术的复杂程度越来越高，研发和创新的难度以及所需的投入越来越大，仅凭单个主体的努力越来越难以实现重大技术突破。在此背景下，创新正逐步转向系统化和网络化，协同创新应运而生（刘丹和闫长乐，2013）。2020年，习近平总书记在科学家座谈会上强调，要发挥企业技术创新主体作用，推动创新要素向企业集聚，促进产学研深度融合。《中华人民共和国国民经济和社会发展第十四个五年规划和2035年远景目标纲要》进一步提出，要推进创新联合体深度融合，支持企业牵头组建创新联合体。发挥行业领军企业的垂直整合能力组建的各种形式的产学研合作创新网络和联合体，汇聚了企业、大学、科研院所等创新主体的优势资源和创新能力，在政府等相关主体的支持下协同完成创新活动及创新链诸多环节（何郁冰，2012）。产学研合作创新网络和联合体的建立不仅能够激发企业创新主动性和积极性，使其提早介入基础研究和应用基础研究领域，而且有助于激发高校和科研院所参与应用研究和试验开发，最终实现基础研究、应用研究、试验开发和产业创新深度融合，推动产业关键核心技术突破。

从词源学角度来看，“产”即产业界，以企业为基本单元；“学研”即学术界，以大学、科研院所等科教组织为基本单元。根据《汉语大辞典》，“合作”表示“为了共同的目的一起工作或共同完成某项任务”。科技创新是原创性科学研究和技术创新的总称，是指创造和应用新知识和新技术、新工艺，采用新的生产方式和经营管理模式，开发新产品，提高产品质量，提供新服务的过程。有学者将创新过程划分为知识创新、科研创新和产品创新，并分别对应研发投入中的基础研究、应用研究与试验发展（余泳泽和刘大勇，2013）。

学者基于不同视角对产学研合作创新的概念进行了界定。从知识流动视角，产学研合作创新是在政府等服务机构支持下，企业、大学、科研院所以知识价值为核心的集成创新组织模式（Cassiman & Veugelers，2006；Serrano & Fischer，2007），是以知识共享和知识创造为目标，以知识增值为核心的契约安排（吴悦等，2020）。立足创新网络视角，产学研合作创新是由多主体形成的呈现网络化、动态化特征的互动关系的集合（周青和梁超，2017），是基于异质性资源的联盟（肖振红和李炎，2023）。基于创新生态系统视角，产学研合作创新是产学研基本合作主体之间以及基本主体与政府、社会中介机构、私人基金会等组织构成的包含多种要素和多个系统的具有内在结构和功能的复杂系统（周静珍等，2005），是创新主体、创新资源与外界环境间通过非线性互动活动而产生整体协同效应的过程（叶伟巍等，2014)。也有学者关注了产学研合作中“科学-技术-工程”活动之间的协同关系，从创新链的角度对产学研合作创新进行了阐释。刘雨梦和郑稣鹏(2022）认为基础科学、技术科学与工程技术活动之间存在双向多重互促关系。Szücs（2018）将产学研合作创新界定为高等院校、专业科研机构与企业凭借各自资源优势开展分工协作，共同完成新产品开发或其他技术创新的过程。王菱祥和刘杨（2022）指出科技创新不是科学、技术与产业的线性接力或简单相加，而是复杂的迭代演化过程，又由于科学研究门类多、抽象性强，因此必须采取专业化分工的方式才能不断向深度、精度迈进。高茜滢等(2022）认为创新领军企业凭借垂直整合能力牵头组织构建创新联合体，能够使大中小企业提早介入基础研究和应用基础研究，高校和院所能够延伸参与应用研究和试验开发，从而实现基础研究、应用研究、试验开发和产业创新的深度融合和相互促进。

本研究中，产学研合作创新特指由焦点企业围绕以原创新药为核心的海洋生物医药研发所构建的，大学和科研院所充分参与的，以合作研发和成果转化为关键内涵的协同创新模式。各主体在发挥自身技术、设备、资金等资源优势的基础上分工协作，共同完成海洋生物医药产品开发和技术创新目标。在该创新系统中，高等院校和专业科研机构拥有丰富的科技资源、大量的先进设备、众多的科技人才、优秀的科技成果，学科门类齐全，通常以知识、技术、人才及部分资金为资本参与合作；而企业因贴近市场，更了解客户需求、洞悉市场运作规律，同时拥有先进的生产设备和强大的生产能力，资金优势也较为明显。产学研合作实现了创新主体的有机结合，其强度和效率直接决定创新系统升级的速度。

作为一种协同创新模式，产学研合作创新不能拘泥于表面合作，其本质在于通过主体间的分工和协作，推动技术合作、人员交流、信息咨询以及成果转化，并发挥“1+1>2”的协同效应。产学研合作创新强调风险共担和利益共享（洪银兴，2013），尽管主体间构建了“关系契约”，但不同主体追求的核心目标仍存在显著差异（Ankrah，2013），主体间的有限共同责任容易导致潜在的机会主义和利己主义行为（董睿和张海涛，2018），从而引发信任缺失危机，这不仅影响产学研合作的稳定性，也会给联盟带来风险（Dealtry & Rademakers，2005）。因此，建立长效合作机制、开展有效的合作管理是实现产学研主体间良好交互关系、维持产学研共同体持续健康发展的关键。

本研究重点关注海洋生物医药企业原创新药研发的产学研合作模式选择与合作创新绩效两个核心问题。其中，恰当的合作模式是决定产学研合作成功的重要方面（许海云等，2022）。如前文所作文献梳理，学者基于合作方式、交易成本、合作功能、契约关系、互动强度、合作紧密程度、合作主体等不同角度提出了产学研合作模式的内涵并进行了类型划分。本研究则立足企业视角，将海洋生物医药企业对产学研合作新药研发的机会识别、投资选择、资源配置模式等统一纳入新药研发产学研合作模式选择分析框架，探讨机会识别、投资选择和资源配置的差异化组合模式与策略。

合作创新绩效是产学研各方共同关注的问题，创造良好的创新绩效也是产学研合作得以持续开展的重要基础。如前文所作文献梳理，学者从成本、产品性能、研发周期、产品市场适应、合作广度与深度、学术价值等不同角度界定并测度了产学研合作创新绩效。本研究基于海洋生物医药企业与学研方合作开展创新药物研发的具体情境，提出合作研发绩效的概念，并将其定义为在研发目标指引下，由合作研发过程所产生的具有创新性的物质与非物质成果。对合作研发绩效的测量是合作研发绩效研究的核心问题之一。针对现有合作绩效测量量表或指标体系在本研究中的适用性缺陷，本研究基于合作研发的关键目标设计了若干主观评价题项，以此测量产学研合作研发绩效。

2.2 理论基础

2.2.1 产学研合作创新网络特征研究的理论基础

（1）企业创新网络理论

企业创新网络是指一定区域内的企业与各行为主体（大学、科研院所、地方政府、中介机构、金融机构等）在交互式的作用中建立的相对稳定、能够激发创新、具有本地根植性、正式或非正式的关系总和（王大洲，2005；张宝建等，2011）。为适应复杂多变的市场环境，企业往往将构建企业网络作为提高市场要素配置效率、强化核心竞争力的手段。通过优势资源交换和互补，使网络成员能够更好配置资源（Brass et al.，2004），增强市场竞争能力。国内外学者对企业创新网络的类型、形成与演化、发展路径等问题进行了深入探究（Dyer & Nobeoka，2000；Noni et al.，2018）。网络结构特征及其机制是企业创新网络研究的热点。基于弱连接理论和结构洞理论，研究者引申出了强弱连接、关系强度、网络位置、结构洞、网络异质性等多个研究主题（Tsai & Kuen - Hun，2009；Huang & Wang，2017；杨晔和朱晨，2019；詹坤等，2017），并讨论了企业创新网络中的知识创造、流动、转移、多主体协调等各类机制，以及创新网络对企业技术创新路径、创新绩效的影响机制（Baum et al.，2010；Nan et al.，2019）。此外，企业创新网络的合作关系、控制模式、契约关系等创新网络治理机制的研究（Rese & Baier，2011；谢永平等，2014）在近年来也得到较快发展。

在海洋生物医药原创新药开发过程中，焦点企业开展了广泛的产学研合作，其主要形式即是以焦点企业为核心，构建合作创新网络。创新网络的节点既有企业也有大学和科研院所。本研究将以企业创新网络理论为基础，借鉴其网络测量方法，从网络节点构成、连接强度和合作类型三个方面测量海洋生物医药原创新药研发产学研合作的特征。

(2)组织学习平衡理论

组织学习理论将企业等组织视为知识的集合，认为新技术、新知识是组织维持绩效的生命线，认为企业的竞争优势源于拥有的知识以及与知识密切相关的学习。企业的知识存量决定了企业资源配置和创新活动的能力，并最终表现为企业在产出和市场力量中的竞争优势（余光胜，2002）。组织学习通常是指组织围绕提高绩效而获取、传播、保持新知识的能力（Child & Faulkner，1998），组织的学习意愿和学习能力（Hamel，1991）、吸收能力（Cohen & Levinthal，1990）、对新知识进行编码并将其转化为财产的能力（Nonaka & Takeuchi，1995）等影响着组织学习的程度和水平。此外，跨组织间的合作可以满足组织获取、传播、保持新知识的需求，通过提高交流的开放性和信息的流通性、减少组织学习障碍等，也可以促进组织学习（Child & Faulkner，1998）。

企业的创新过程亦可以看作是组织学习的过程。March（1991）基于创新活动特征，将企业创新的组织学习分为探索性学习与利用性学习两种模式。探索性学习是指产生了创新性知识的学习活动，而利用性学习则指对已有知识的完善、改进、修正的学习活动。在企业创新过程中，两种组织学习模式均不可或缺，但企业同时开展两种学习活动则存在很大困难，由此产生了两种组织学习的平衡模式问题。已有研究提出了间断型平衡和双元型平衡两种组织平衡模式。此外，还有学者建构了混合平衡理论，即通过网络化组织，企业可以在某一阶段实现间断型平衡，而在另一阶段实现双元平衡。

海洋生物医药领域的产学研合作为企业、大学、科研机构搭建了知识交流和共享的平台（刘璇华，2007），打破了组织学习的组织边界，扩展了组织学习的维度。研究表明，向合作对象学习、从合作中吸收知识是企业等组织组建或加入联盟的动因之一（Hamel，1991；Doz，1996；Mowery et al.，

1996；Dussauge et al.，2000）。从组织学习的角度来看，海洋生物医药研发创新的产学研合作不仅是知识转移的过程，亦是新知识创造的过程，因此产学研合作各方的知识获得呈现探索性学习与利用性学习两种类型。本研究将依托组织学习平衡理论，基于焦点企业视角，探索海洋生物医药产学研合作创新网络中焦点企业的组织学习类型及其平衡模式。

（3）技术能力平衡理论

企业创新需要以技术能力为基础。这种能力既包括技术创新能力，也包括技术应用能力。为了区分这两方面能力，Figueiredo（2002）提出了技术能力矩阵分类法，将技术能力分为技术基础能力和技术创新能力两个维度。技术创新能力指企业开发新技术、新产品的能力，技术基础能力指企业在生产过程中应用、改进和完善技术的能力（马丽和邵云飞，2019）。

在原创新药开发过程中，既需要较强的技术创新能力（新药发明），也需要较强的技术基础能力（工艺放大与产品开发）。产学研不同主体之间，技术能力存在较强的互补性，构成了产学研合作创新的基础。对于产学研主体而言，创新活动不仅是技术能力投入的过程，同时也是技术能力提升的过程。在新药开发过程中，各主体不仅在技术能力投入方面存在差异，技术能力提升方向也有很大不同。

本研究将以技术能力平衡理论为基础，对产学研合作各方的技术能力特征进行分析，对组织学习过程中技术能力提升的方向进行解析，从而形成对海洋原创新药产学研合作创新网络特征的深刻认识。

2.2.2 产学研合作模式选择研究的理论基础

（1）机会识别理论

在日益激烈的竞争环境下，开展以产品研发或技术研发为代表的创新活动，已成为企业取得成功的关键（Hohenthal et al.，2003）。创新活动的机会识别是指创新个体通过信息搜索，对有利于创新的具体机会作出评价与决策的过程（O'Cass et al.，2014）。对创新活动的机会识别能力是企业持续成长的关键，也是企业组织绩效的重要基础。对创新活动的机会识别受管理者创造力的影响（薛捷，2019）。管理者通过对外部环境的准确感知，以及洞悉事物之间的内在联系，不仅能够优化创新性机会搜索策略（Sirmon & Hitt，2009），以发现潜在机会（梁强等，2013），更能够通过改变现有资源配置创造机会（Baker et al.，2003），提高创新活动的成功率（赵兴庐等，2016）。同时，个体的创造力可以优化创新性机会搜索策略，从而识别出可行的创新机会。关于机会的识别和把握，已有研究存在"机会发现观"和"机会创建观"的争辩（Grégoire et al.，2010）。但是，对于机会提升组织绩效的过程和机制，尚未取得共识（Andersson & Evers，2015）。海洋原创新药产学研合作研发的决策也起始于企业对市场机会的识别，本研究借鉴机会识别理论相关成果，将原创新药研发的市场机会划分为套利机会和创新机会两种类型。

(2) 资源配置理论

资源的有效配置对于企业在市场竞争中获得和强化优势具有重要的作用（Morgan，2003；Baker & Sinkula，2007）。资源配置需要从投资组合的角度考虑，并非"越多越好"，不适当的配置策略会造成资源配置效率降低（Rui et al.，2017）。资源配置的根本导向在于企业的战略目标、企业所处的环境，以及相应的资源配置机制（Fang et al.，2011）。在全球化背景下，产业分工进一步细化，企业获取全球资源的能力增强，进一步强化了企业配置资源的能力（陆亚东和孙金云，2014）。但是，由于各类资源模块具有多重属性特征，客观上增加了企业认知资源配置有效性的难度（Mathews，2017）。在原创新药研发过程中，由于创新活动的长周期性和不确定性，以及产学研合作各方战略导向的差异性，其资源配置需求更加不明确。在新药研发所需资源不断加大的背景下，对企业产学研合作新药研发的资源配置机制进行研究已成为当务之急。

在资源配置过程中，顾客资产和创新资产是支撑企业战略的两类最重要的资源（Fang et al.，2011）。顾客资产是指用于识别和满足顾客需求的相关资源，涉及渠道网络管理、顾客关系维护、服务管理等内容。对于新药研发活动而言，主要指将新药从专利转化为商品所需要的资源，包括药物生产工艺转移与放大、制剂开发、样品药物生产、药物品牌建设、药物销售等方面的资源。创新资产是用于开发和应用技术的相关资源，涉及技术与产品研发、制造流程与诀窍、生产管理与质量保证等内容（张娜等，2017）；对于新药研发活动而言，主要指药物开发技术创新，提高药物开发效率和成功率，提升药物开发投入产出比所需要的资源。由于企业自身资源配置能力的有限性（Nguyen & Rugman，2015），往往难以实现两类资源的优化组合配置。如果资源配置策略聚焦于顾客资产，则只能实施简单模仿或模仿改进性研发活动，陷入“追赶-落后-再追赶”的重复循环（Lee & Malerba，2017；彭新敏等，2017），显然不符合原创新药研发的资源配置需求。如果资源配置策略聚焦于创新资产，则意味着在专业化人才、专用实验室和仪器设备方面的大量投入，从而影响其抗风险和动态调整能力（Awate et al.，2015）。产学研合作开展新药研发在很大程度上解决了企业面临的上述难题，但其资源配置模式的相关研究非常少。本研究将以上述资源配置理论的相关成果为基础，开展海洋生物医药企业原创新药研发产学研合作的资源配置模式研究。

（3）风险管理理论

创新的过程充满了风险。广义的创新风险被定义为不确定性对实现新产品开发目标的影响（Oehmen et al.，2014）。狭义的创新风险是指研究与开发活动中的风险。创新风险来自技术、市场、法律制度、社会等多个方面

(Mattes，2014)。按照创新面临的不确定性程度，创新活动可以分为利用式创新和探索式创新（Giaccone & Magnusson，2022)。原创新药开发活动属于探索式创新，本质上属于小概率投资，即成功概率小，投资额巨大(O'Reilly & Tushman，2013)。一旦成功能使行业竞争产生巨大的变化，有助于企业开拓全新的市场，并处于领先地位。但创新活动存在更大的不确定性，需要企业不断地探索和试验（Rao - Nicholson et al.，2020)。企业必须在风险控制和面向未来的创新之间保持平衡。

风险管理是企业的一种内部控制行为（Smith & Lewis，2011)，包括风险识别、风险分析、风险评价、风险应对等活动，是基于规则制定的规范化管理模式。创新风险是指企业为了实现预期的收益而愿意承担一定程度的风险，包含了潜在收益与潜在损失两个方面（Kaplan & Mikes，2012)。作为典型的探索式创新活动，新药研发活动具有高度的不确定性。不确定性风险与控制性风险的差异在于测量的可行性，不确定性的事件结果不可知并且发生概率也不可测，无法通过任何精细化的计量工具进行准确预测（刘彦平和王明康，2021)。控制性风险可以采用定量的方法应对，不确定性风险具有难以准确预测和评估概率、缺乏足够的信息分析因果关系、决策产生的结果未知等特点（Packard & Clark，2020)；不能用概率估计，需要创新的、直觉的决策方法应对。这就需要企业在做出产学研合作研发新药的决策过程中选择适当的风险管理策略，处理好投资收益与投资风险的关系。

2.2.3 产学研合作绩效影响机理研究的理论基础

(1) 项目管理相关理论

人类最早的项目可以追溯到数千年以前，但早期对项目的管理以经验和直觉为中心，缺乏科学性和系统性。直到 20 世纪上半叶，人类才开始探索管理项目的科学方法。20 世纪 90 年代以来，以信息系统工程、软件工程等为代表的高科技项目的开展推动了项目管理的现代化，项目管理技术与组织理论、经济学、管理学、计算机科学、信息科学等学科密切结合，吸收各学科先进研究成果，逐步发展成为一门比较完整的独立学科。

项目管理以项目为管理对象。在项目管理理论和学科发展的过程中，众多学者对项目进行了定义。如美国项目管理协会（Project Management Institute，PMI）将项目界定为：为提供某项独特产品、服务或成果所做的临时性努力。其中“独特”体现在项目所形成的产品、服务或成果在关键特性上的不同，而“临时”体现在每个项目都有明确的起点和终点。一般来说，项目包含以下特征：项目的一次性，即项目具有明确的起止时间；项目的独特性，即项目创造的可交付成果具有特殊性，区别于其他项目创造的产品、服务或成果；项目目标的明确性，即项目在约束条件下所完成的任务需满足特定的性能、质量、属性和技术指标等要求；项目组织的临时性和开放性，其中临时性体现在项目组织随项目的启动而建立，随项目的结束或终止而解散，且在项目过程中团队的组成也呈动态变化特征，开放性则体现在项目往往需要多个单位以合同、协议等方式组合起来共同协作完成，因此项目组织通常没有严格的界限；项目的资源约束性，即项目会受到客观环境以及时间、人力、物力、财力、技术、信息等资源的约束。

项目的上述特征使其区别于一般的运作活动，也催生了科学而系统的项目管理理论、方法和技术需求。项目管理是指以项目及其资源为对象，运用系统的理论和方法对项目进行高效率的计划、组织、实施和控制，以实现项目目标的管理方法体系（PMI，2018）。根据 *Project Management Body of Knowledge*（PMBOK）（第 6 版），项目管理涵盖整合管理、范围管理、进度管理、成本管理、质量管理、资源管理、沟通管理、风险管理、采购管理、相关方管理等 10 个知识领域。其中，项目整合管理包括为识别、定义、组合、统一和协调各项目管理过程组的各个过程和活动而开展的过程与活动；项目范围管理包括确保项目做且只做所需的全部工作以成功完成项目的各个过程；项目进度管理包括为管理项目按时完成所需的各个过程；项目成本管理包括为使项目在批准的预算内完成而对成本进行规划、估算、预算、融资、筹资、管理和控制的各个过程；项目质量管理包括把组织的质量政策应用于规划、管理、控制项目和产品质量要求，以满足相关方的期望的各个过程；项目资源管理包括识别、获取和管理所需资源以成功完成项目的各个过程；项目沟通管理包括为确保项目信息及时且恰当地规划、收集、生成、发布、存储、检索、管理、控制、监督和最终处置所需的各个过程；项目风险管理包括规划风险管理、识别风险、开展风险分析、规划风险应对、实施风险应对和监督风险的各个过程；项目采购管理包括从项目团队外部采购或获取所需产品、服务或成果的各个过程；项目相关方管理包括识别影响或受项目影响的人员、团队或组织，分析相关方对项目的期望和影响，制定合适的管理策略来有效调动相关方参与项目决策和执行等过程。

在快速变化的市场环境下，项目管理成为企业推动管理进步的手段之一，是企业健康发展的有力保障，项目导向型管理也成为企业管理的一种趋势。项目导向型管理的理念最早被欧美企业导入日常的管理活动中，目前已成为一种管理变革的方向，项目导向型管理手段的应用水平也成为影响企业长远发展的要素之一。项目导向型管理实质上是基于项目的目标管理。目标管理一般可分为三个阶段，分别是设置工作目标、对实现目标的过程进行管理、测量和评估取得的效果。这三个阶段与项目管理的流程一致。早期的项目导向型管理是依据项目驱动型的组织提出来的，是要管理组织范围内的项目。随着组织外部环境的变化和市场竞争的加剧，项目管理方法已不再局限于项目驱动型公司，非项目驱动型的组织也逐步实施项目管理。

海洋生物医药创新活动的独特性、技术和环节的复杂性、高风险、高投入、长周期以及相关主体多元性等，使得海洋生物医药领域的大部分创新活动都具有项目活动的特点，可以列入创新项目的范畴，而企业对海洋生物医药创新活动的管理也由日常的运作化管理向项目导向型管理转化。创新管理是海洋生物医药企业运营管理的重要方面，而项目导向型创新管理就是以项目为中心的创新管理模式，是将具有项目特征的创新活动看作一个个具体项目，并将项目管理的方法、工具和技术应用到具体创新项目的管理中。在海洋生物医药领域采用项目导向型创新管理思想可以有效整合创新资源，将创新活动管理细化，使管理目标更明确、管理过程更清晰、管理更有效。

现有关于企业合作研发的研究文献多从企业层面展开，对问题的提炼和变量的测度是针对整体企业的，这造成现有研究的深入性和针对性不足。而在实践中，企业之间进行合作研发多以项目合作的形式进行，有明确的研发目的、经费预算、起止时间、工作内容等，且多以具有法律效力的合作协议加以规范，并由此对双方形成实际约束力。具体的合作形式则包括技术或知识转移、以契约形式进行合作研究、技术咨询服务、研究资金支持等。从实践来看，项目管理方法在生物医药行业应用广泛。马丽等（2020）总结了项目质量管理、进度管理、成本管理、资源管理等管理工具在生物医药行业广泛深入的应用，并指出项目管理工具对于生物医药行业新药开发已经发挥出重要作用。杨晓燕和韩启灿（2020）、程铎辉等（2020）指出，通过建立健全的项目管理组织，从立项、过程、质量以及经费等方面加强对新药研发的项目管理，可提高医药企业新药研发的工作效率与质量。

换个角度来看，企业的合作研发行为只是企业若干领域工作的一部分，从企业层面对企业合作研发活动进行分析及变量测度，会导致研究对象与测量的尺度不统一，微观且具体层面的现象被整体所掩盖。项目层面的行为可能与企业层面的此项行为并不一致。例如，企业层面的合作绩效和项目层面的合作绩效并不一致。现有研究往往从企业层面展开，其研究结论有失对“合作研发”的针对性，而是更多地具有了与企业一般合作行为的共通性。

基于上述考虑，本研究从合作研发项目的层面开展组织行为因素对合作创新绩效的影响研究，充分运用基于项目的管理思想，根据项目管理知识体系界定产学研合作管理质量的内涵并设计测度指标。

(2)“动机-行为-绩效”框架

“动机-行为-绩效”框架是研究企业这一经济组织合作绩效的可选理论框架。“动机-行为-绩效”框架是组织行为学中一般性的“输入-过程-输出”框架，是“动机-行为-结果”这一理论框架在组织绩效研究中的具体体现，着重研究组织本身的行为逻辑及其对经济后果的影响。

就本研究的主题而言，影响合作科研项目绩效的主要因素既包括双方的博弈行为，又包括各主体的组织行为因素。考虑到双方的博弈主要发生在项目合作合同签署之前，项目合作一旦获得共同同意，则权力、利益分配格局等基本明确，合作方进入密切的合作阶段，此时合作组织的组织行为因素成为影响合作研发项目绩效的主要因素。综合考虑，本研究借鉴“动机-行为-绩效”这一框架开展产学研合作创新绩效的影响机理研究。

动机最早被应用于心理学，通常指激发和维持个体行为的心理倾向或驱动力，是决定行为的重要因素（杨小婉等，2021）。在组织行为学中，动机被定义为一种过程，体现了个体为实现组织目标而付出努力的强度、方向和持续性（罗宾斯和贾奇，2021）。组织行为学中的动机理论，如自我决定理论、目标设置理论等主要关注个体层面的动机，而合作研发是组织间的合作，需要分析组织间建立关系的动机。作为一项基础性研究，Oliver（1990）整合已有研究，概括出一般组织间合作动机的理论框架，提出组织间的合作动机可归纳为六个方面，即必要性、非对称性、互惠性、效率性、稳定性及正当性。Barringera & Harrisona（2000）总结了研究组织间关系形成常用的六个理论框架，分别是交易成本经济学、资源依赖理论、战略选择理论、利益相关者理论、组织学习理论与制度理论。作者同时指出，单个的理论框架并不足以刻画组织间关系形成的复杂性，应当从多元的理论基础出发进行阐释。这说明对于合作研发的理论阐释，应当从更广阔的经济学和管理学视角展开。上述关于一般性组织间合作动机的研究，为进一步分析组织间研发合作动机提供了良好的分析框架和理论基础。

合作是指两个或两个以上的个体，通过相互配合与协调实现共同目标，同时其个人利益也获得满足的社会交往活动。合作行为则是为达到合作方共同目标以及进一步维持和发展伙伴关系所开展的行动及所产生的行为方式（严敏等，2015；马蓝和安立仁，2016）。在合作研发情境下，合作行为包括个体与环境交互的伙伴匹配行为，即选择合适的外部伙伴并建立关系，以及个体自身的资源投入行为，即个体在合作中付出多大的努力（林明和任浩，2013）。

关于绩效，根据分析视角的不同具有不同的定义和测量方式。如基于行为视角，绩效是对围绕目标实现而采取的相关行为和过程的测量；基于能力视角，绩效是对知识、技能、价值观、动机、品质等潜在特征的衡量；基于结果视角，绩效关注创造的产出记录（Offermann & Spiros，2001；侯二秀等，2016）。合作研发情境下，对绩效的定义和测量亦呈现多种方案。

围绕动机、行为、绩效之间的关系，众多学者进行了探讨。如张爱卿（1996）将动机界定为个体维持行为并将行为导向具体目标以满足其需要的念头和愿望等，认为动机包含内在起因、自我调节和外在诱因三个因素，并进一步对动机、行为与结果间的关系进行了讨论，提出了螺旋式循环动机行为模式。根据该模式，行为是内在需要的具体体现，内在需要等内在起因通过自我调节与外在诱因相连，使行为具有方向性，进而通过努力实现目标；同时，外在诱因亦可通过自我调节转化为内在动因，而行为结果亦会刺激产生新的需要，成为后续行为的动力之一。组织行为学中的 MARS 模型也得到了广泛认可。该模型涵盖影响行为与结果的四个要素，即动机（Motivation)、能力（Ability）、角色认知（Role perceptions）和情境因素（Situational factors），并以四要素的英文首字母为模型命名（McShane & Glino，2017）。根据模型，个体动机是行为的动因之一，而行为是模型的中介，结果是模型的终点。在“动机-行为-结果”框架基础上，一些学者进一步将结果反映为绩效，提出了“动机-行为-绩效”模型，即个体在外界刺激和个体因素的复杂作用下形成动机，动机体现出的具体行为会反映在绩效上形成影响，而绩效作为奖励或惩罚的评估依据又进一步反馈到起点，由此形成一个完整的循环过程。

本研究依据上述“动机-行为-绩效”经典框架，构建海洋生物医药产学研合作创新绩效的影响机理模型，并在行为中强调合作研发投入水平、合作研发管理的作用，以此探究合作创新动机、合作研发投入水平、合作研发管理（行为）以及合作创新绩效之间的关系，尤其是合作研发管理（行为）质量对合作创新绩效的影响关系。

3 海洋生物医药企业产学研合作创新网络特征

调查研究发现，与仿制药研发比较，原创新药研发的参与者更多、合作关系更复杂，从而带来了产学研合作模式多样化，以及产学研合作质量管理难度加大等问题。但是，尚未见对仿制药与原创新药研发产学研合作网络的比较研究，无法系统揭示企业向自主创新转型过程中产学研合作模式的变化趋势。本部分将采用案例研究法，对企业从仿制药向原创新药研发转型过程中产学研合作网络的规模和结构进行解析，验证创新网络基本理论在医药研发领域的普适性，从而为后续产学研合作模式选择和绩效机理分析的相关研究提供理论前提。

近年来，海洋生物医药企业发展的产业环境、政策环境变化很大，制药环节利润大幅压缩，以往以仿制药研发为主的创新模式已经难以为继，越来越多的企业转向原创新药研发。与仿制药研发比较，原创新药研发技术要求高、周期长（可长达 10 年以上）、投入大（一般可达亿元至十亿元级）、失败风险高。产学研合作成为原创新药研发的常规模式，以企业为主导的医药研发创新网络规模更大、合作伙伴更多、研发分工更加复杂。对于这种变化趋势，现有研究很少涉及。本部分采用纵向单案例研究方法，以 A 制药（青岛）有限公司为例，对其仿制药研发和原创新药研发的创新网络特征进行解析和比较，揭示创新需求变化对产学研合作活动的影响。

企业作为产学研合作的主导者，其创新组织活动的主要动因在于创新资源互补性。或者说，产学研合作是企业出于创新投入产出效益最大化和风险最小化的原则，最优化组合创新要素的行为。已有研究中，组织学习理论对企业创新行为的解释最为成熟，该理论同样可以用于产学研合作创新行为的解释。该理论认为，企业技术创新行为本质上是一种组织学习行为。企业技术创新的结果体现为新产品、新工艺、新技术的产生，其创新过程是知识创造和能力获得的过程。如果企业以各种方式引入科研院所和科学家参与创新过程，即表现为创新活动的产学研合作。组织学习理论进一步揭示了产学研合作的机理。企业的创新行为表现为探索性学习和利用性学习两种类型。受创新资源的约束，在技术创新过程中，企业一般表现为两种类型组织学习模式的组合，即间断型组织学习平衡模式和双元型组织学习平衡模式。如果在创新活动中引入了其他类型创新主体，则表现出更为复杂的组织学习模式组合。通过不同类型的互补性组织学习活动，使更为复杂的创新活动得以成功开展。

但是，已有研究虽然给出了企业通过产学研合作组织创新网络的基本框架，但对其合作中的分工及其内在机理并未给出清楚的解释。基于企业创新网络和组织学习的基本理论，对现有研究框架进行细化，描述产学研合作中各方在创新网络中的分工，分析创新过程中知识转移、新知识产生和各方能力提升的特征及其驱动机制，有利于本项研究更好了解海洋原创新药研发过程中的产学研合作机理，以及产学研合作网络特征。

3.1 基本术语解析

（1）企业创新网络

企业创新网络是指一定区域内的企业与各行为主体（大学、科研院所、地方政府、中介机构、金融机构等）在交互作用中建立的相对稳定、能够激发创新、具有本地根植性、正式或非正式的关系总和（鲁若愚等，2021）。在形式上，企业创新网络表现为焦点企业与一系列伙伴“一对一”合作的集合（Doz & Hamel，1998），或焦点企业与合作伙伴直接联系而形成的网络（Ozcan & Eisenhardt，2009）。从主体关系来看，企业网络包含三个层面，即网络节点与网络之间的关系，网络节点与规则之间的关系，以及网络节点之间的关系（符正平等，2011）。在海洋生物医药领域，焦点企业在组织新药开发过程中，与相关大学、科研院所和研发服务企业之间也构建形成了企业网络。焦点企业依托企业网络主导创新资源配置，提高创新效率并降低创新风险，从而形成了新药开发过程中的产学研合作网络关系。利用企业创新网络基本理论与方法测量产学研合作网络，主要涉及网络规模、网络强度、成员异质性等指标。

网络规模，指焦点企业主导建立的正式合作伙伴关系的数量（Marsden，1990），该指标代表企业可配置创新资源的规模。在本项研究中，产学研合作网络规模指焦点企业主导新药研发过程中，通过股权投资、合作研发、专利转让与授权、购买服务等方式，建立正式合作关系的伙伴的数量。

网络强度，指企业网络中焦点企业与合作伙伴连接的紧密程度，一般划分为强连接和弱连接两种模式（Capaldo，2007）。连接的强弱代表合作的紧密程度，也可以认为代表焦点企业引导、调动合作伙伴资源的难易程度。在本项研究中，网络强度是指焦点企业在新药研发产学研合作网络中，与各合作伙伴之间联系的紧密程度。

成员异质性，指网络伙伴类型的差异程度（Beckman & Haunschild，2002）。一般认为，网络伙伴越是多样化，合作网络的互补性越强，焦点企业可获得的创新资源越丰富（McEvily & Zaheer，1990）。本项研究中，成员异质性是指以焦点企业为核心的新药研发产学研合作网络中，成员类型多样化的程度。

（2）探索性学习和利用性学习

企业创新的组织学习分为探索性学习与利用性学习两种模式。二者在创新导向上差异明显，其中前者意味着追求变异、不畏风险、包容失败，后者则追求稳定和效率、避免变异、控制风险（彭新敏等，2011）。两种学习模式要求不同的组织结构、流程、战略和文化（He & Wong，2004），对创新资源的配置需求也有很大不同，因此被认为是彼此难以取代的两种组织学习模式（Gibson & Birkinshaw，2004）。本项研究中，对新药研发的组织学习模式定义如下：

探索性学习，是指新药研发过程中产学研各方以获得创新性知识为导向的组织学习活动，包括创造或学习新知识、新技术、新工艺，获得新产品生产能力。

利用性学习，是指新药研发过程中产学研各方以对已有知识进行完善、改进和修正为导向的组织学习活动，包括对现有技术的改进、对现有产品质量的提升、利用已有技术装备生产类似产品、利用已有技术装备检测新化合物等。

（3）间断型组织学习平衡模式和双元型组织学习平衡模式

在企业创新过程中，两种组织学习模式均不可或缺，但企业同时开展两种学习活动则存在很大困难，由此产生了两种组织学习的平衡模式问题。已有研究提出了间断型平衡和双元型平衡两种组织学习平衡模式。

间断型平衡模式，指将探索性学习和利用性学习按照时间序列依次实施的平衡过程（Siggelkow & Levinthal，2003）。在新药研发过程中，企业推动新药研制和工艺转移放大的过程，即形成较为典型的间断型组织学习平衡模式。

双元型平衡模式，指在无法兼顾探索性和利用性两种学习模式的情况下，组织通过构建高度差异化但松散耦合的部门，实现两种学习模式的平衡的过程（Benner & Tushman，2003）。“双元”单元中的一个致力于试验、灵活和突变，另一个专注于成本、效率和改良，实现新市场开拓与成熟市场竞争力提升的统筹兼顾（Benner & Tushman，2003）。在新药研发中，企业主导的产学研合作往往可以形成典型的双元型组织学习平衡模式。

（4）技术基础能力和技术创新能力

新药研发的组织学习行为以研发主体的技术能力为基础。根据Figueiredo（2002）提出的技术能力矩阵分类法，技术能力分为技术基础能力和技术创新能力两个维度（马丽和邵云飞，2019）。新药研发通过组织学习行为，也提升了研发主体（特别是医药企业）的技术能力。不同研发活动需要不同的技术能力组合，同时也导致技术能力提升的差异化。

技术创新能力，指企业开发新技术、新产品的能力。对于新药研发，主要指医药企业通过产学研合作以原创或仿制方式形成新药生产知识和技术的能力。

技术基础能力，指企业在生产过程中应用、改进和完善技术的能力。对于新药研发，主要指医药企业依托已有生产条件，通过产学研合作实现新药生产工艺转移放大，实现商业化生产的能力。

3.2 研究设计与方法

本研究采用纵向单案例研究方法。通过选取海洋生物医药企业新药开发的典型案例，分析企业构建产学研合作网络，实施技术创新与产品创新的过程和特征，揭示创新过程中产学研合作的内在机理。纵向单案例研究方法可以更好地展示案例的背景，选择企业发展不同阶段新药开发的不同事件，有利于分析产学研合作创新的内在规律和机制，保证案例研究的深度（Dyer & Wilkins，1991）。选择代表性单案例，有助于加深对同类事件的理解（Yin，2003）。以企业发展为坐标轴，对不同发展时期产学研合作事件进行分析，有助于更好分析在不同阶段、不同战略下产学研合作的共性特征和规律，从而更好地检验研究框架中提出的问题（Pettigrew，1990）。综上，本研究采用纵向单案例研究方法构建理论模型。

3.2.1 案例选择

基于备选案例的理论抽样原则，同时考虑单案例样本的数据可得性，本项研究经比较选择 A 制药（青岛）有限公司（以下简称为“A 制药公司”）作为案例研究样本。

(1) 企业基本情况

该公司始创于 1994 年，前身为青岛海尔药业有限公司，1997 年兼并原青岛第三制药厂成立青岛海尔第三制药厂，2008 年 A 制药公司集团入股成立青岛正大海尔制药有限公司，2018 年更名为 A 制药公司，是一家集骨代谢疾病防治药物和抗肿瘤、防治高血压等海洋药物研发、生产、销售于一体的国家高新技术企业，是我国首家海洋药物生产企业、我国唯一一个国家级海洋药物中试基地。

A 制药公司位于青岛西海岸新区中德生态园内，现有员工 440 人；公司拥有多个生产车间（原料药、片剂、软胶囊剂、颗粒剂、口服溶液、硬胶囊），一个药品检测中心，所有车间均已通过新版国家 GMP 认证，硬件条件属国内一流水平。2021 年公司营业收入 15.26 亿元，净利润 4.07 亿元，银行信用等级 AAA 级。

公司是第一批通过 2008 年高新技术企业认定的企业，2011 年、2014 年、2017 年、2020 年分别通过复审，建有国家企业技术中心、山东省骨代谢疾病防治药物工程研究中心、海洋糖类创新药物山东省工程研究中心、山东省一企一技术研发中心、山东省海洋生物基因资源利用工程技术协同创新中心、青岛化药制药工程技术研究中心、青岛市骨代谢疾病防治药物技术创新中心、青岛市博士后创新实践基地、青岛市化学创新药研制场景应用实验室和青岛市骨代谢疾病防治药物专家工作站，为研究开发和试验工作的展开提供了坚实基础。截至 2021 年底，公司拥有授权发明专利 183 项，完成 22 项科技成果转化并获得青岛市科技成果评价，其中，10 项达到国际领先水平、5 项达国际先进水平；荣获省级科技奖励 12 项、市级科技奖励 4 项；拥有注册商标 41 项，其中国际商标 5 项，拥有山东省著名商标 1 项、山东优质品牌 4 项、山东知名品牌 5 项、青岛市著名商标 2 项、青岛名牌 2 项；荣获国家知识产权优势企业、中国医药守法诚信企业、中国医药行业成长 50 强、中国化学制药行业工业企业综合实力百强、中国医药行业最具投资价值企业、山东省医药行业“品质鲁药”综合实力 30 强企业、山东省“品质鲁药”建设示范企业、山东省诚信建设示范企业、山东医药行业发展型先进企业、山东省高端品牌培育企业、山东省医药行业成长型企业、山东省制造业单项冠军企业、山东省科技领军企业、山东省创新驱动突出贡献单位、山东省高新技术企业创新能力百强、青岛市隐形冠军企业、青岛市专精特新企业、青岛市三品示范企业、青岛制造业企业收入 100 强、“青岛金花”培育企业、青岛制造品牌建设重点企业、青岛市诚信企业、青岛市绿色企业等荣誉称号。

公司专注于骨代谢疾病防治药物和抗肿瘤、防治高血压等海洋药物研发创新，主打产品骨化三醇软胶囊（盖三淳），于 2003 年上市，主要用于绝经后和老年性骨质疏松、慢性肾功能衰竭尤其是接受血液透析病人之肾性骨营养不良症、术后甲状旁腺功能低下、特发性甲状旁腺功能低下、假性甲状旁腺功能低下、维生素 D 依赖性佝偻病、低血磷性维生素 D 抵抗型佝偻病等骨代谢疾病，是国内首仿产品，其成功研发生产打破了国内只能依靠进口的局面，对骨代谢疾病防治药物行业发展产生了巨大推动作用。产品及相关技术工艺达到国际先进水平和国际领先水平，品牌经中国品牌建设促进会评审测算价值达 16.63 亿元，荣获中国独具临床替代价值仿制药、中国化学制药行业调节水电解质及酸碱平衡和矿物质营养补充类优秀产品品牌、山东省科技进步奖二等奖、山东省科技进步奖三等奖、山东省药学会科学技术奖一等奖、山东省企业技术创新奖一等奖、山东省企业技术创新奖三等奖、山东省质量改进优秀成果、山东省著名商标、山东知名品牌、山东优质品牌、山东省创新工业产品、山东省“品质鲁药”建设优秀产品、青岛市科技进步奖二等奖、青岛市著名商标、青岛名牌、青岛市专精特新产品等荣誉。骨化三醇软胶囊（盖三淳）2021 年销售收入 13.85 亿元，连续多年国内市场占有率第一，实现同类进口产品替代，极大促进了我国骨质疏松药物市场的快速发展，刺激了市场对骨质疏松药物的需求，为患者提供了质优价廉的药物。

（2）理论抽样

该子研究关注于海洋生物医药企业从仿制药向原创新药研发转型过程中产学研合作网络发生的演化，旨在通过对不同阶段的网络结构进行识别与比较，为后续研究奠定基础。而 A 制药公司的发展历程覆盖本研究关注的两个阶段，且在各个时期都有产学研合作的典型事例与成功经验。特别是，A 制药公司的合作网络具备明显的演化特征，在企业发展历程中呈现出不断发展和变化的状态。正因如此，该案例为解读该部分问题提供了契合的实践素材。除此以外，A 制药公司是我国为数不多的以海洋药物为特色产品的制药企业，有长期的海洋药物制造和研发经验，且在行业内享有盛誉，其代表药物始终保持国内市场第一的份额，其原创药物也是国内首个进入临床试验的抗肿瘤海洋药物，因此符合单案例研究对案例代表性的要求。

(3) 纵向数据可获得性

A 制药公司最早成立于 1994 年（发展历程见图 3-1）。多年来，企业管理层一直保持稳定。技术研发队伍从无到有，逐渐形成了一定规模和结构。其中，主要技术管理人员和技术骨干均长期在企业工作，对企业技术创新和产学研合作的细节比较了解。企业领导和技术骨干与本研究团队比较熟悉，便于开展访谈和信息采集，保证了研究中能够获得充足、真实的相关信息。

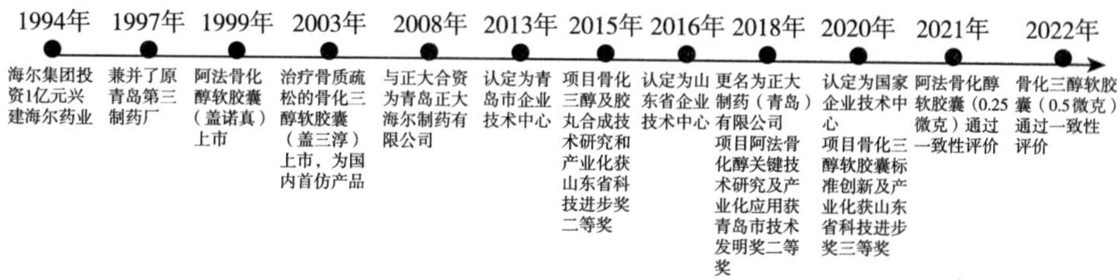

图 3-1　A 制药公司发展大事记

3.2.2　构念测度

(1) 产学研合作网络测度

本项研究的焦点是以企业为核心的产学研合作的内在机理。因此，需要对产学研合作中以企业为中心的合作网络进行测度。主要测度指标有：一是网络规模。统计在新药研发过程中与焦点企业直接建立合作关系的伙伴数量。二是网络强度。测量焦点企业与每个合作伙伴的连接强度，并以此测算整个产学研合作网络的连接强度。所谓连接强度，是指行为主体联系频率及其组织资源对接程度。基于产学研合作科技创新的特点，研究中将焦点企业与合作伙伴的连接强度分为两类。其中，产学研合作过程中存在较强的知识转移、风险收益共担共享机制的，认定为强连接，包括专利转让与授权、合作研发、合资共建研发平台、专职聘任等；产学研合作过程中存在较弱的知识转移，以及不存在风险共担机制的，认定为弱连接，包括咨询、购买技术服务、合同研发、兼职聘任等（Pettigrew，1990）。在合作网络中，如果强连接合作伙伴的数量比例大于等于 2/3，认定为强网络；强连接合作伙伴的数量比例小于等于 1/3，认定为弱网络；强连接合作伙伴的数量介于 1/3～2/3，认定为二重网络。三是成员异质性。主要考察合作网络中成员的类型及其分布情况（Ritter & Gemünden，2004），其中成员主要类型包括生产企业、研究机构、自然人等。

（2）组织学习平衡模式测度

从组织学习视角来看，新药研发的产学研合作不仅是一个知识转移的过程，也是一个新知识创造的过程。因此，对于合作双方，均存在知识获得的问题。本部分从知识距离测度方法，从认知维、时间维和空间维三个维度对组织学习类型进行测度。首先，建立产学研合作中焦点企业与每一个合作伙伴的学习关系，测度合作双方的组织学习类型。如果被测度方所获得的知识总体上是陌生的、未来的和外来的，则其组织学习模式为探索性学习；如果所获得知识总体上是已知的、过去的和本地的，新产生的知识主要是对已有知识的应用，则其学习模式为利用性学习（Lavie & Rosenkopf，2006；Li et al.，2008）。其次，在确定了合作网络中每一对合作伙伴组织学习模式的基础上，可以评估焦点企业在新药研制过程中组织学习的平衡模式。在新药研发过程中，如果探索性学习与利用性学习交替出现，则认为是间断型平衡；如果探索性学习与利用性学习同时共存，则认为是双元型平衡。

（3）知识流向测度

新药研发的产学研合作是一个比较复杂的知识流动过程。新知识的产生需要以已有知识为基础。合作伙伴双方对已有知识掌握的互补性，是产学研合作的重要基础条件。在合作创新过程中，双方只有先实现对已有知识的共享，基于已有知识建立对创新对象的全面的、深入的了解，才能合作共同创造新的知识。这与共同投资的过程类似。但是，在这个过程中，双方对已有知识的投入并不是对等的，往往存在一定的知识流动方向，即一方将更多的、更重要的知识传授给另一方。本项研究中，将这种知识流向作为测度指标。对于产学研合作中的一方而言，如果知识的总体流向是从对方流入己方，本项研究规定该流向为知识流入；如果相反，本项研究规定为知识流出。首先，对焦点企业与每一个合作伙伴的知识流向进行测度和标记。在此基础上，再对合作网络的总体知识流向进行归纳和总结。此外，研究中还对焦点企业与每一个合作伙伴的资金流向进行测度，即判定焦点企业与合作机构是否存在资金往来，分析总体资金流向，并将资金流向与知识流向的总体特征进行比较，分析其内在规律。

（4）技术能力提升方向测度

新药研发不仅以知识为前提，还必须以技术能力为基础，即以焦点企业为核心的合作网络具备开展新药研制技术创新的能力。这种技术能力是指以已有的相关知识为指导，组织开展一系列创新性研发活动，创造出新知识、开发出新产品的能力。这种技术能力与专门知识和专用技术装备相匹配，为特定的自然人或组织所拥有，具体有稀缺性、专有性和专用性特点。技术能力是一种复合型能力，既包括对已有知识、技术和装备的熟练运用和改进，也包括创造新知识、新技术、新产品的能力。前一种能力主要基于经验，后一种能力主要基于创造性思维。只有两种能力兼备，才能顺利完成新药的商业化开发全过程。Figueiredu（2002）提出了技术能力矩阵方法，将技术能力区分为技术基础能力和技术创新能力。分别对应着上述两种技术能力。技术能力的互补性是新药研制的产学研合作的重要基础，只有双方的技术能力存在差异且可取长补短，才能开展有效的创新合作。本项研究中，首先对焦点企业产学研合作双方的技术能力特征进行分析，再对组织学习过程中双方技术能力提升的主要方向进行测度，总结产学研合作过程中焦点企业与合作网络各方的技术能力提升方向。

3.2.3 数据收集

研究中主要采用深度访谈的方法搜集数据，同时辅以查阅学术文献、网上信息、企业内部文件资料等方式补充信息。多样化的信息来源是研究数据得到不同来源证据的支持，符合“三角验证”的基本原则，避免了共同方法偏差，提高了案例研究的效度。

(1) 深度访谈

从 2021 年 4 月起，笔者以 A 制药公司为焦点，开展了一系列访谈。其中，访谈 A 制药公司领导 2 人，技术部门负责人 3 人，焦点企业产学研合作对象大学、科研院所专家 6 人，合作企业领导和技术专家 3 人，了解企业研发过程的同行专家 2 人。其中，2 位专家先后访谈 2 次，其他专家均访谈 1 次。每次访谈的时间 1～2 小时。遵循案例研究的基本要求，在访谈结束后 24 小时内对访谈记录进行了整理。共整理访谈记录 18 份，共 23.2 万字。

(2) 文献数据

通过中国期刊全文数据库、重要报纸全文数据库对与 A 制药公司及其合作对象有关文献进行检索。通过国家知识产权局网站 CNIPR 中外专利数据库服务平台检索焦点企业及其合作对象的专利数据。在分析筛选后，共获得较重要文献资料 35 份，共 19.6 万字。

(3) 网上信息

登录国家药品监督管理局，查阅下载国家关于新药研制的有关法律法规、政策文件、领导讲话和流程图。登录 A 制药公司及其合作对象的官方网站，下载相关文件、新闻、领导讲话、产品介绍等。在互联网检索行业统计报告和战略咨询报告，下载行业和企业信息。经分析筛选，共获得网上资料 51 份，共 37.9 万字。

（4）企业内部资料

结合访谈中了解到的信息，请 A 制药公司及其合作对象单位提供可以佐证观点的企业（科研机构）内部文件、内部刊物、合作协议、领导讲话、规章制度等。共获得企业和其他单位内部资料 22 份，共 12.6 万字。

此外，笔者还多次到 A 制药公司及其合作对象单位现场调研，实地参观生产车间和实验室，增进对海洋生物医药新药研制的了解。通过以上综合方法的运用，使笔者获得了较为充实、详细的数据资料，为案例研究开展夯实了基础。

3.2.4 阶段选择

纵向案例研究中，一般要根据案例发展特点，按照案例演进进行时期划分。由于本研究主要关注新药研发的产学研合作问题，所以选择 A 制药公司发展过程中的具有里程碑意义的两款新药（阿法骨化醇和 BG136）研发过程对应的两个阶段。

（1）阿法骨化醇开发阶段

阿法骨化醇（Alfacalcidol）是骨化三醇类似物。阿法骨化醇可增加小肠和肾小管对钙的重吸收，抑制甲状旁腺增生，减少甲状旁腺激素合成与释放，抑制骨吸收，增加转化生长因子－β（TGF－β）和胰岛素样生长因子－Ⅰ（IGF－Ⅰ）合成，促进胶原和骨基质蛋白合成，调节肌肉钙代谢，促进肌细胞分化，增强肌力，增加神经肌肉协调性。主要用于改善维生素 D 代谢异常所致的症状（如低钙血症、抽搐、骨痛及骨损害），以及用于治疗骨质疏松症。

（2）BG136 开发阶段

BG136 是从南极海域海洋褐藻中提取分离制备的一种天然多糖类药物，通过动物实验已经验证了它在结肠癌和黑色素瘤方面的疗效。目前该药物已经完成了系统的临床前研究工作，并以治疗晚期实体瘤为适应证通过了国家药品监督管理局审查，获得《药物临床试验批准通知书》，顺利开展临床研究，成为国内首个进入临床试验的抗肿瘤海洋药物。

3.2.5 数据编码

本研究所采集数据大多为访谈记录、文献等文本资料，借鉴扎根理论的编码方式提升数据分析科学性（Strauss & Corbin，1998）。首先，将访谈记录、文献等资料按照统一格式进行编排，形成便于编码的记录性文字材料。之后，采用编码方法对文字记录进行归纳分析，逐步提炼形成构念。在编码过程中，笔者严格按照扎根理论分析方法要求，与合作研究者一道，在全面通读文本资料的基础上，各自独立地“背靠背”编码。采用渐进式编码方法，编码过程中注意聚焦主要研究方向，重点围绕合作网络、组织学习平衡模式、知识流向和技术能力提升等主题，以及各主题之间的关系，进行编码和分析，并按照主题进行归类，逐步提炼形成主要构念。

具体来说，按照以下程序实施编码和归类。一是以信息来源对文本实施一级编码。访谈记录的编号规则是：访谈 A 制药公司高层管理人员获得的信息编码为 M1，访谈该企业高级技术人员（如研发部门负责人）获得的信息编码为 M2，访谈该企业主要合作伙伴获得的信息编码为 M3，访谈与本新药研制无关但了解情况的同行获得的信息编码为 M4。对于同一位被访谈人，相同或相似的意思表达全部编入同一条目之中。对于其他二手资料，来源于文献资料的信息编码为 S1，来源于网络资料的信息编码为 S2，来源于企业提供资料的信息编码为 S3。

经过上述编码，本研究共得到 423 个一级条目库，按照两种新药研制的不同阶段划分为 2 个阶段的二级条目库，再按照焦点企业的合作伙伴对二级条目库再次分类，将各条目归并到每一个合作网络节点，形成三级条目库。之后，根据合作网络、组织学习类型、知识流向和技术能力提升等主题进行二级编码，将二级编码后形成的条目分配到两阶段的条目库中。编码后的条目需要经过比对，只有两人编码一致的条目才能进入条目库。对于不一致的编码，二人进行再次讨论，一致后才能进入条目库。不能达成一致的条目经过再次讨论或引入第三人进行讨论，直到达成共识为止，最终无法达成共识的条目不进入条目库。经过该过程，淘汰了 42 个条目，最终保留 381 个条目。

在此基础上，研究者开展的三级编码。研究者各自独立将各构念条目转化为与解析变量相关的关键词，再将关键词与预设的关键词表进行比较，根据编码语义的近似程度确定对应的编码结果。如果二人编码结果一致，则认定该编码结果；如果不一致，则引进第三人继续讨论，直到达成一致或放弃。形成的三级编码条目数及解析关键词见表 3-1。

表 3-1　相关构念的编码条目数及解析关键词

构念	解析变量	关键词表	阶段		小计
			一	二	
合作网络	连接强度	合作开发、购买专利、咨询、购买服务、讲课、评审、技术指导、座谈、合资企业、聘用、兼职、合资研发等	38	54	92
	成员类型	国有企业、外资企业、民营企业、大学、科研院所（事业单位、非企业单位、企业）等	18	19	37
组织学习	学习类型	国外专利、候选药物开发、系统临床前研究、临床研究、试验、首次、模仿、方法学研究、药剂开发、中试、工艺放大、等效性试验等	41	65	106
知识转移	知识流向	学习、模仿、委托、购买、买断、申报、转让、传授、工艺转移、讲解、建议等	17	24	41
资金往来	资金流向	出售、购买、投资、入股、支付、咨询费、劳务费、研究经费、技术服务费等	14	15	29
技术能力	能力维度	原创、仿制、新机制、新结构、新化合物、世界首次、全国首次、企业首次、改进、优化、效率、稳定性、产能等	30	46	76

注：阶段一代表阿法骨化醇研发阶段，阶段二代表 BG136 研发阶段。

3.3 案例发现

3.3.1 第一时期：仿制阶段（阿法骨化醇）开发的产学研合作

仿制药阿法骨化醇问世是A制药公司发展的重要里程碑，奠定了企业的行业地位，并为后来稳步发展创造了良好条件。阿法骨化醇专利原为美国企业持有。1997年，A制药（青岛）公司抓住该专利即将到期的有利时机，与国内相关企业科研机构合作开展专利抢仿，在1999年推出了国内第一款仿制药，并迅速占领了国内市场。

研究中分析了阿法骨化醇研发合作网络特点。该创新合作网络以A制药（青岛）公司为核心，主要网络节点有6个（表3-2）。主要分工如下：①A制药公司，主要负责仿制药创新活动的组织，在研发中承担原料药和制剂生产的中试放大和生产工艺验证，并实施新药样品的小批量生产，为研发中各类试验提供样品。②北京市集才药物研究所，系科学家创办的民营企业，主要负责阿法骨化醇原料药处方和制备工艺的研究，即对比国外专利开发原料药的仿制技术工艺。③上海现代药物制剂工程研究中心，主要负责仿制药制剂（胶囊型）的生产工艺开发，使仿制药具备与原专利药物完全一致的效果。④上海医药工业研究院，主要负责围绕仿制药的成分鉴定、杂质控制、生理活性等主要指标，建立一系列的方法学程序和标准，保证制药企业生产该仿制药能够具有稳定的物理化学性质和生理活性。该方法学建立后，随新药一并审批后写入药典，成为该仿制药生产的国家标准。⑤上海瀛科隆医药开发有限公司，系临床CRO企业，主要负责该仿制药临床试验中的生物等效性研究，验证仿制药与原专利药物具有同等疗效。⑥北京协和医院，主要负责该仿制药的临床试验的具体组织工作，如志愿者管理、双盲对照试验组织等。此外，在该仿制药的系统临床前、临床研究和生产过程中，焦点企业还邀请各相关领域的若干专家承担咨询、技术指导和评审等工作。

表 3-2　A 制药公司仿制药（阿法骨化醇）开发产学研合作节点概况

节点名称	角色	主要分工	性质
A 制药公司	焦点企业	中试放大、生产工艺验证、样品制备生产、稳定性考察	外资企业
北京市集才药物研究所	合作对象	原料药处方和制备工艺研究	民营企业（科学家控股）
上海现代药物制剂工程研究中心	合作对象	药剂技术开发	企业化科研机构（国有企业控股）
上海医药工业研究院	合作对象	方法学建立	应用型科研机构（国有企业）
上海瀛科隆医药开发有限公司	合作对象	人体生物等效性试验研究	混合所有制企业（国企控股）
北京协和医院	合作对象	临床试验	事业单位
专家（若干）	合作对象	各阶段咨询、评审	自然人

阿法骨化醇研发过程的产学研合作可分为三个阶段。第一阶段是北京市集才药物研究所对目标药物开展仿制研发，基本完成原料药处方和制备工艺研究，并进入药物系统临床前试验阶段。该阶段的创新主体集才研究所，创新活动规模和创新投入都比较小。第二阶段是 A 制药公司在发现该仿制药后，与集才研究所签订技术转让协议，并投资推动该药物完成系统临床前研究、临床研究，最终获得国家药监部门批准上市。为了达到国家药监部门新药审批的一系列要求，A 制药（青岛）公司组织开展了一系列产学研合作。其中，与北京集才研究所、上海现代药物制剂工程研究中心共同开展的原料药和制剂产业化生产开发合作是最为核心的研发工作，采取的主要方式是合作研发。以合同研发的方式委托上海医药工业研究院开展新药开发方法学研究，以购买技术服务的方式委托上海瀛科隆医药开发公司、北京协和医院等开展临床研究。第三阶段是 A 制药公司在药物投产后进行工艺完善研究，主要是提升技术的稳定性，提高生产效率。围绕合作网络、组织学习类型、知识流向、资金流向、技术能力投入产出等指标，笔者对焦点企业与每一个

合作对象的合作特征进行编码（举例见表 3－3），编码结果见表 3－4。

表 3－3　A 制药公司仿制药（阿法骨化醇）开发产学研合作典型引用语举例及其编码

构念	解析变量	典型引用语举例	关键词	编码结果	
				正大	集才
合作网络	连接强度	购买基础研究（候选药物）成果，共同开展系统临床前和临床研究	知识产权转移、共同开发	强连接	
	合作类型	系统临床前研究主要由集才研究所承担，获得批件后合作推动生产工艺在正大公司放大、生产	分工、合作	合作研发	
组织学习	学习类型	开发、仿制国外专利到期药物，并实现产业转化	国内首仿、商业开发	探索性学习	利用性学习
知识转移	知识流向	一次性买断临床前研究成果，系统临床前、临床研究过程中逐步转移知识产权	买断成果、产业应用	流入	流出
资金往来	资金流向	购买研究成果的知识产权，按照成果转移转化节点付款	购买、支付	流出	流入
技术能力	技术能力投入	集才研究所研发药物仿制工艺，牵头开展系统临床前研究；正大公司负责工艺放大、样品制备等	仿制研究、中试、工艺放大	技术基础能力	技术创新能力
	技术能力产出	仿制药成功上市，企业掌握全部生产技术实现稳定生产，长期保持较高市场占有率	稳定生产、投放市场、市场占有率	技术基础能力	技术基础能力

表 3－4　A 制药公司仿制药（阿法骨化醇）开发产学研合作编码结果

单位（个人）	主要合作形式	连接强度	学习类型	知识流向	资金流向	技术能力	
						投入	产出
北京市集才药物研究所	合作研发	强	甲：探索性学习；乙：利用性学习	从乙到甲	从甲到乙	甲：技术基础能力；乙：技术创新能力	甲：技术基础能力；乙：技术基础能力
上海现代药物制剂工程研究中心	合作研发	强	甲：探索性学习；乙：利用性学习	从乙到甲	从甲到乙	甲：技术基础能力；乙：技术创新能力	甲：技术基础能力；乙：技术基础能力
上海医药工业研究院	合同研发	弱	甲：探索性学习；乙：探索性学习	从乙到甲	从甲到乙	甲：—；乙：技术创新能力	甲：技术基础能力；乙：技术创新能力

（续）

单位（个人）	主要合作形式	连接强度	学习类型	知识流向	资金流向	技术能力	
						投入	产出
上海瀛科隆医药开发有限公司	技术服务	弱	甲：探索性学习；乙：利用性学习	从乙到甲	从甲到乙	甲：一；乙：技术基础能力	甲：一；乙：技术基础能力
北京协和医院	技术服务	弱	甲：探索性学习；乙：利用性学习	从乙到甲	从甲到乙	甲：一；乙：技术基础能力	甲：一；乙：技术基础能力
专家（若干）	咨询	弱	甲：利用性学习；乙：利用性学习	从乙到甲	从甲到乙	甲：一；乙：技术基础能力	甲：技术基础能力；乙：一

注：表中的“甲方”代表焦点企业A制药公司，“乙方”代表合作创新单位（个人）。

3.3.2 第二时期：原创阶段（BG136）开发的产学研合作

实施原创新药BG136开发是A制药公司发展历程中又一个重要事件，标志着企业启动了从制造型企业向创新型企业的转型。BG136是由中国海洋大学医药学院L教授团队以在南极海域首次发现的海洋藻类来源活性多糖物质为先导化合物研制。药物研制的早期基础研究中，先后得到了国家海洋局专项、国家自然科学基金、山东省科技专项等公共基金支持。该药物研制进入系统临床前阶段后，A制药公司与中国海洋大学、青岛海洋生物医药研究院（以下简称“药研院”）签订合作开发协议，由A制药公司出资推动该药物在药研院实施系统临床前研究和临床研究。

与阿法骨化醇研发合作网络比较，BG136的研发合作网络节点更多，网络结构、连接方式也更为复杂。以A制药公司为核心，主要合作伙伴有13个（表3-5）。主要分工如下：①A制药公司，主要负责资助候选药物系统临床前研究，以及新药获批后续中试放大、生产工艺验证等工作。②中国海洋大学，苗头化合物发现团队所在单位，参与成果转化的知识产权转移，以及临床申报等工作。③药研院，主要承担候选药物研制及系统临床前研究组织工作，主要包括成药性研究、候选药物成药性优化、工艺研发、非临床研究等工作，承担候选药物临床研究申请的主要工作。④青岛冠龙生物制药有限公司，主要承担候选药物制剂生产工作，包括制剂中试样品和临床试验用药品制备。⑤北京斯丹姆赛尔技术有限责任公司，负责配合系统临床前研究的合同研究组织（CRO）注册事务，拟定临床试验方案。⑥瑞德肝脏疾病研究（上海）有限公司，承担部分临床前研究试验必需的分析测试工作，如 BG136 对肝脏药物代谢酶 mRNA 表达的诱导作用等。⑦山东省医学科学院药物研究所，主要承担候选药物临床前安全性评价（GLP 条件）工作，包括非临床安全性评价研究（一般毒性试验、特殊毒性和安全药理试验等）。⑧北京现代药物代谢研究院，主要承担候选药物临床前代谢动力学研究。⑨中国科学院上海有机化学研究所公共技术服务中心，承担 BG136 元素分析（C、H、O、N）工作。⑩青岛大学附属医院，主要承担候选药物的临床试验工作，包括临床方案的制订、受试者招募、受试者用药、指标化验、临床试验结果的汇总和整理、与临床协调员（CRC）沟通、医院药物警戒体系等。⑪青岛市工业和信息化局，为 A 制药公司和药研院关于 BG136 品种的产学研合作提供研发后补助政策支持。⑫青岛市科技局，为 BG136 临床研究和项目后续研发提供财政拨款改为股权投资的项目资金支持。⑬青岛海洋科学与技术试点国家实验室，设立中国“蓝色药库”开发关键技术预研项目，支持 BG136 的成药性研究。此外，在该原创新药的系统临床前、临床报批过程中，还邀请各相关领域的若干专家承担咨询和评审等工作。

表 3-5　A 制药公司原创新药（BG136）开发产学研合作节点概况

节点名称	角色	主要分工	性质
A 制药公司	焦点企业	中试放大、生产工艺验证、样品制备生产、稳定性考察	外资企业

（续）

节点名称	角色	主要分工	性质
中国海洋大学	合作对象	苗头化合物发现、候选药物（原料药）前期研制	高等院校（事业单位）
药研院	合作对象	成药性研究、候选药物成药性优化、工艺研发	新型研发机构（注册为自收自支的事业单位，大学及科学家团队联合体）
青岛冠龙生物制药有限公司	合作对象	候选药物制剂生产、临床试验用药品制备	民营企业
北京斯丹姆赛尔技术有限责任公司	合作对象	系统临床前研究组织（CRO）、临床试验方案制定	民营企业
瑞德肝脏疾病研究（上海）有限公司	合作对象	肝脏药物代谢检验、测试	外资企业
山东省医学科学院药物研究所	合作对象	非临床安全性评价研究（一般毒性试验、特殊毒性和安全药理试验）	科研机构（事业单位）
北京现代药物代谢研究院	合作对象	候选药物临床前代谢动力学研究	科研机构（民办非企业单位）
中国科学院上海有机化学研究所公共技术服务中心	合作对象	候选药物元素分析	科研机构（事业单位）
青岛大学附属医院	合作对象	临床试验	医疗机构（事业单位）
青岛市工业和信息化局	合作对象	后补助	政府部门
青岛市科技局	合作对象	“拨改投”资助	政府部门
青岛海洋科学与技术试点国家实验室	合作对象	重大科技创新工程专项资助	科研机构（事业单位）
专家（若干）	合作对象	各阶段咨询、评审	自然人

目前，BG136 开发已全部完成系统临床前研究，获得临床准入，顺利开展临床试验。其临床前开发历程可分为两个阶段：第一阶段是中国海洋大学 L 教授团队发现苗头化合物，筛选先导化合物并开展基础性的结构研究和生理活性研究，最终研制形成 BG136 候选药物。该阶段的创新主体是大学科研团队，创新活动以应用基础科学研究为主，主要资金来源是各级公共

科研基金。第二阶段是候选药物系统临床前研究阶段。该阶段的主要创新方向是完成国家药监部门对于新药临床研究的一系列具体工作要求，需要进行较大规模的系统性试验，基本明确候选药物的化学结构、生理活性、体内代谢过程、毒理特性等一系列参数特征。该阶段由药研院主导成药性研究和系统临床前研究，其中系统临床前研究阶段，A 制药公司采取签订合作研发合同的方式，作为主要出资方，支持药研院作为系统临床前研究的组织者，组织开展系统临床前各项研究开发工作。主要合作方式包括合作研发、合同研发、(购买) 技术服务、咨询等方式，药研院基于中国海洋大学作为其举办单位的特殊关系，还采用专兼职结合聘用大学教授和研究人员并社会招聘承担研发任务等方式，完成了系统临床前研究的全部工作。下一步，因已获得国家药监部门临床研究批文，继续联合药研院并依托青岛大学附属医院等单位开展Ⅰ期临床研究，并逐步启动新药试生产工作。围绕合作网络、组织学习类型、知识流向、资金流向、技术能力投入产出等指标，笔者对焦点企业与每一个合作对象的合作特征进行编码（举例见表 3-6)，编码结果见表 3-7。

表 3-6 A 制药公司原创新药（BG136）开发产学研合作典型引用语举例及其编码

构念	解析变量	典型引用语举例	关键词	编码结果	
				正大	药研院
合作网络	连接强度	购买基础研究（候选药物）成果，委托开展系统临床前研究，共同开展临床研究	共同开发	强连接	
	合作类型	基础研究由中国海洋大学承担，系统临床前研究主要由药研院承担，临床研究三方共同承担，获得批件后合作推动生产工艺在正大公司放大、生产	分工、合作	合作研发	
组织学习	学习类型	自主研发原创新药，并推动产业转化	全球首次、产业化	探索性学习	探索性学习
知识转移	知识流向	购买基础研究成果，委托和合作开展系统临床前、临床研究，大学科研机构产出成果经药研院逐步转移到企业	成果转让、产业开发	流入	流入/流出

（续）

构念	解析变量	典型引用语举例	关键词	编码结果	
				正大	药研院
资金往来	资金流向	以药研院为载体组织研发活动，资金经药研院流向各科研单位和技术服务企业	购买、注资、合同委托	流出	流入/流出
技术能力	技术能力投入	中国海洋大学提供基础研究（候选药物）成果，药研院牵头开展成药性和系统临床前研究，实施工艺开发；正大公司负责工艺放大、稳定性检验等	系统临床前研究、临床研究、中试放大	技术基础能力	技术基础能力
	技术能力产出	药研院完成原创新药系统临床前研究，正大公司推动产业转化	药监报批、全套工艺、产业化生产能力	技术基础能力	技术基础能力

表 3-7　A 制药公司原创新药（BG136）开发产学研合作编码结果

单位（个人）	主要合作形式	连接强度	学习类型	知识流向	资金流向	技术能力	
						投入	产出
中国海洋大学	技术转移	强	甲：探索性学习；乙：利用性学习	从乙到甲	从甲到乙	甲：技术基础能力；乙：技术创新能力	甲：技术基础能力；乙：技术基础能力
药研院	合作研发	强	甲：探索性学习；乙：探索性学习	从乙到甲	从甲到乙	甲：技术基础能力；乙：技术基础能力	甲：技术基础能力；乙：技术基础能力
青岛冠龙生物制药有限公司	合作研发	强	甲：探索性学习；乙：利用性学习	从乙到甲	从甲到乙	甲：技术基础能力；乙：技术创新能力	甲：技术基础能力；乙：技术基础能力
北京斯丹姆赛尔技术有限责任公司	技术服务	弱	甲：探索性学习；乙：利用性学习	从乙到甲	从甲到乙	甲：—；乙：技术基础能力	甲：—；乙：技术基础能力
瑞德肝脏疾病研究（上海）有限公司	技术服务	弱	甲：探索性学习；乙：利用性学习	从乙到甲	从甲到乙	甲：—；乙：技术基础能力	甲：—；乙：技术基础能力
山东省医学科学院药物研究所	合同研发	弱	甲：探索性学习；乙：探索性学习	从乙到甲	从甲到乙	甲：—；乙：技术创新能力	甲：技术基础能力；乙：技术创新能力

（续）

单位（个人）	主要合作形式	连接强度	学习类型	知识流向	资金流向	技术能力	
						投入	产出
北京现代药物代谢研究院	合同研发	弱	甲：探索性学习；乙：探索性学习	从乙到甲	从甲到乙	甲：—；乙：技术创新能力	甲：技术基础能力；乙：技术创新能力
中国科学院上海有机化学研究所公共技术服务中心	技术服务	弱	甲：探索性学习；乙：利用性学习	从乙到甲	从甲到乙	甲：—；乙：技术基础能力	甲：—；乙：技术基础能力
青岛大学附属医院	技术服务	弱	甲：探索性学习；乙：利用性学习	从乙到甲	从甲到乙	甲：—；乙：技术基础能力	甲：—；乙：技术基础能力
青岛市工业和信息化局	财政支持	弱	—	—	从乙到甲	—	—
青岛市科技局	财政支持	弱	—	—	从乙到甲	—	—
青岛海洋科学与技术试点国家实验室	财政支持（专项）	弱	—	—	从乙到甲	—	—
专家（若干）	咨询	弱	甲：利用性学习；乙：利用性学习	从乙到甲	从甲到乙	甲：—；乙：技术基础能力	甲：技术基础能力；乙：—

注：表中的“甲方”代表焦点企业A制药公司，“乙方”代表合作创新单位（个人）。

3.4 研究讨论

研究发现，焦点企业在新药研发过程中开展了广泛的产学研合作，其主要形式是以焦点企业为核心，构建创新合作网络。创新合作网络的各个节点既有企业也有大学、科研院所。以焦点企业为组织者，各个节点在创新合作网络里都有明确的分工。以下从合作网络、组织学习平衡模式、知识流、资金流、技术能力提升方向等指标，分析新药研发的产学研合作机制。

3.4.1 合作网络

从网络节点构成、连接强度和合作类型三个方面来测量海洋生物医药新药研发产学研合作的特征（表 3-8）。

表 3-8 仿制阶段与原创阶段的产学研合作创新网络比较

项目	仿制阶段	原创阶段
网络规模	较小	较大
网络异质性	较低	较高
强连接/弱连接	大于后者	小于前者
合作类型	较少	较多
网络核心	单核	双核
网络结构	相对简单	相对复杂
知识流向	从合作伙伴到焦点企业	从合作伙伴到焦点企业
资金流向	从焦点企业到合作伙伴	从焦点企业到合作伙伴

从网络节点构成来看，前后（仿制药和原创新药研发）两个时期，焦点企业的合作对象里既有企业也有大学、科研院所。其中，企业主要是创新型企业，既有上海医药工业研究院等规模较大的国有医药研发企业，也有医药 CRO 等医药服务企业。科研机构则包括事业单位、企业化管理的国有科研院所、新型研发机构和民营科研院所（企业或非企业单位），类型多样化特征明显。从创新网络规模来看，仿制药研发网络节点有 6 个，其中科学家学术创业创办企业 1 个，企业性质研发机构 2 个，医药研发服务企业 1 个，医院（事业单位）1 个；原创新药研发网络节点 13 个，其中大学 1 个，新型研发机构（大学和科学家团队联合体）1 个，医药研发服务企业 3 个，科研院所（事业单位）3 个，科研院所（民办非企业单位）1 个，医院（事业单

位）1 个，政府部门 2 个。原创新药研发的创新网络规模和异质性均高于仿制药研制。

从连接强度来看，前后两个时期焦点企业与合作对象的连接均包含强连接与弱连接两种形式。仿制药研发 5 个合作对象中，强连接 2 个，弱连接 3 个；原创新药研发 12 个合作伙伴中，强连接 3 个，弱连接 9 个。原创新药研发的强连接绝对数量大于仿制药，强连接占比低于仿制药。

从合作类型来看，仿制药研发与原创新药研发均有技术转让、合作研发、合同研发、技术服务、咨询等合作类型，强连接多对应技术转让与合作研发，由焦点企业与节点单位合作开展，而其他创新环节多以合同研发、购买技术服务等方式实施。与仿制药不同，原创新药研发中得到了政府部门及国办科研机构的资助，因而合作类型更加多样化。

从网络结构来看，前后两个创新合作网络均以焦点企业——A 制药公司为核心（在原创阶段，药研院也是核心之一）。原因在于，A 制药公司作为出资人，通过一系列合同发起和推动了全部的新药研发创新活动。但是，在仿制药（阿法骨化醇）研发过程中，A 制药公司与各合作对象建立的关系均为直接合同关系。而在原创新药（BG136）研发过程中，A 制药公司采用资助药研院，并以该院为中介节点与其他合作伙伴建立合作关系。因此，笔者认为，原创新药的创新合作网络结构更为复杂，这与原创新药的研发行为更加复杂且风险更高有关。

3.4.2 组织学习平衡模式

A 制药公司在新药研发生产过程中，其组织学习模式属于比较典型的间断型平衡，即表现为探索性学习-利用性学习间断出现的特点。由于 BG136 目前尚未进入商业生产阶段，该现象在阿法骨化醇研发生产过程中更为明显。在新药研制和产业化过程中，企业组织学习模式为探索性学习；而在投产之后，企业组织学习模式变为利用性学习；待企业研发或引进新药产品，再次转为探索性学习。如果分析创新合作网络中的企业组织学习平衡模式则可以发现，焦点企业与合作对象的组织学习模式具有互补性。例如，在阿法骨化醇研发过程中，A 制药公司与北京集才药物研究所开展合作研发，二者组织学习模式分别为探索性学习和利用性学习，构成了双元平衡模式。而在 BG136 研发过程中，A 制药公司采用从中国海洋大学引出苗头化合物，并以药研院为候选药物权益转化和新药开发平台的合作模式，三者组织学习模式分别为探索性学习、利用性学习和探索性学习，可以认为是双元平衡模式的复杂版。

另外，在焦点企业与弱连接合作对象实施合同研发、技术服务等合作模式时，除上述双元平衡模式外，还出现了“探索性学习＋探索性学习”的平衡模式。而在新药开发实现产业化生产后，焦点企业创新活动主要集中在提高技术装备稳定性、提高生产效率等方面，属于典型的利用性学习，该阶段多采用咨询、技术服务等创新合作模式，基本表现为“利用性学习＋利用性学习”平衡模式。

3.4.3 知识流向

从两个时期的创新合作网络来看，A 制药公司在所有的创新合作中，其知识流向都是正向（知识流入）的，即从合作伙伴流向焦点企业。主要原因在于，A 制药公司组织构建创新合作网络的主要目的是利用合作伙伴在专业知识和创新能力方面的优势，促进新药研发成果在本企业实施商业化、规模化生产。在新药研发和产业转化过程中，合作伙伴的专业化知识汇聚综合集成为新药生产相关知识，实现了知识从创新网络节点向焦点企业的汇集。

比较两个时期知识转移的过程可以发现，第一时期的知识转移路径比较简单，即均从合作伙伴单位向焦点企业转移，形成了以焦点企业为中心的知识汇集网络。第二时期知识转移路径相对复杂，形成了 A 制药公司和药研院双核心结构，部分合作伙伴的专业化知识流向药研院，经过整合后再流向焦点企业。

3.4.4 资金流向

与知识流向相反，两个时期的资金流向均从焦点企业流向合作对象单位。研究中发现，焦点企业在与其他大学、科研院所、企业合作中，不仅购买技术服务和委托合同研发等合作方式采用付费方式，合作开发亦需向合作对象支付经费。合作在本质上是资源的交换。A 制药公司为获得新药知识产权和生产能力，采用购买合作对象的专有知识和技术能力的方式。研发合作是知识和能力转移的实现手段。

比较两个时期的资金流向。第一时期的资金流向比较简单，即从焦点企业直接流向合作对象。但第二时期资金流向相对复杂，部分资金流向呈现从 A 制药公司流向药研院，再流向其他合作对象的路径。资金流路径与知识流路径恰呈反向关系。

3.4.5 技术能力投入和产出

新药研发系综合性很强的创新活动。研发活动不仅需要创新主体资金和知识的投入，也需要一定的技术能力作为支撑。本研究将创新主体的能力作为重要的资源和产出，加以测量和评估。研究发现，对于创新主体而言，新药研发的过程包含着技术能力投入与技术能力产出两个过程，即新药研发基于创新主体的技术能力，同时也会增强主体的技术能力。按照技术基础能力与技术创新能力两个类别，研究中测量了创新主体技术能力投入和产出的情况。

两个时期内，焦点企业与北京集才研究所、中国海洋大学、药研院等强连接合作关系中，均采用了合作研发模式。合作双方基于技术能力的互补性开展合作，即依托A制药公司的技术基础能力和合作对象的技术创新能力。从技术能力投入来看，焦点企业在合作研发中，主要任务是新药生产工艺转移和放大，因此需要投入的是其在制药生产方面积累的技术基础能力，而其合作对象主要是在新药仿制或原创过程中从无到有开发出新药合成工艺，以及开展相关生物学、药理学研究，投入的是其不可替代的技术创新能力。从技术能力产出来看，焦点企业及其合作对象获得的均是将技术成果产业应用的能力，因此对二者而言，技术能力产出均为技术基础能力。

焦点企业利用合同研发方式，委托上海医药工业研究院等单位开展了方法学研究等创新性活动。焦点企业只提供了经费支持，自身较少参与创新活动中，因此没有技术能力投入；合作对象单位利用焦点企业提供经费，开展了相应的创新性研究活动，投入的主要是技术创新能力。合同委托研发所取得的知识，被焦点企业整合到新药生产技术体系中，因此该创新活动对焦点企业产出的主要是技术基础能力。对合作对象来说，产出的主要是技术创新能力，因为增强了其开展相应创新性研发的能力。

焦点企业利用购买技术服务等方式，委托一些医药研发服务企业、科研院所开展了药代动力学检测、成分分析等创新活动。焦点企业仅提供了经费和服务需求，因此没有技术能力投入。研发成果被焦点企业整合到其生产工艺中，因此该创新活动对焦点企业产出的主要是技术基础能力。对合作对象来说，由于该类活动属于分析、化验等常规性操作，不需要创新性思维和能力，并未获得新的能力，因此没有技术能力产出。

此外，在新药研制和后续生产环节，焦点企业针对各类具体问题邀请了若干位咨询专家，主要是为了获得相关专业知识或基于知识和能力的解决方案。在咨询过程中，焦点企业没有技术能力投入，专家投入的是技术基础能力；咨询对焦点企业来说增强了其工艺转化和生产能力，产出的是技术基础能力，对专家而言没有技术能力产出（表3-9）。

表3-9 海洋生物医药产学研合作研发的技术能力投入产出

项目	技术能力投入		技术能力产出	
	焦点企业	合作对象	焦点企业	合作对象
合作研发	技术基础能力	技术创新能力	技术基础能力	技术基础能力
合同研发	—	技术创新能力	技术基础能力	技术创新能力
技术和知识服务	—	技术基础能力	技术基础能力	—

4 海洋生物医药企业原创新药研发产学研合作模式选择

海洋生物医药企业在原创新药研发过程中，产学研合作研发模式出现多样化特征。这与早期医药企业仿制药研发相对简单的产学研合作模式存在很大不同。对于大多数海洋生物医药企业而言，以市场为导向从学研方选择优势项目并合作开展原创新药研发是事关企业生存与发展的重大战略决策。一方面，企业需要面对高度不确定的市场并承担研发失败的风险；另一方面，巨大的研发投入使企业自身可配置资源的约束更加突出。企业在新药开发决策中，需要慎重考虑新药种类、合作伙伴和资源配置等一系列合作模式选择问题。基于对市场机会、能力和资源的判断，焦点企业选择确定最优的产学研合作研发模式，以期提高研发成功率并降低风险。

本部分基于资源配置理论，通过选取四家以产学研合作方式开展原创新药研发的海洋生物医药企业进行多案例比较研究，探索企业如何根据自身发展战略和资源配置能力选择产学研合作模式。研究发现，原创新药研发过程中，案例企业根据识别到的不同机会类型（套利机会和创新机会），在产学研合作中选择主要资源配置类别（顾客资产和创新资产）；根据所采取的投资策略（单一投资策略和分散投资策略），选择主要资源配置方式（深度的和广度的）。学研方作为产学研合作的响应方，基于企业方研发决策和资源配置模式，按照互补性原则确定相应的资源配置类型与方式，从而形成了多样化的产学研合作模式。

4.1 基本术语解析

(1) 新药研发的套利机会和创新机会

作为一种创新活动，原创新药研发决策起始于机会识别。机会识别主要解决医药企业原创新药研发的动机问题。在创业机会发现、投资机会识别的相关研究中，已有研究指向了以发现潜在市场机会为主导的柯兹纳“套利机会”和以创造新市场机会为主导的熊彼特“创新机会”的关注。套利机会是在处于不平衡状态的市场中寻求效率，而创新机会则是基于创造竞争缺陷的新奇价值将市场转移到不平衡状态（Mainela et al.，2014）。通过分析不同企业实施原创新药研发活动的动机，医药企业对市场机会的识别也可以分为套利机会和创新机会两类。

新药研发的套利机会，是指医药企业生产和销售新发明的原创新药，满足潜在的未被满足的医药消费市场需求，从而获得排他性的经营收益的机会。随着我国居民收入提高，对肿瘤、神经退行性疾病、心脑血管疾病等重大疾病治疗的需求增加、支付能力增强，但由于国产原创新药少、进口药物价格高，有关需求处于未被充分满足的状态。研发针对重大疾病治疗的原创新药，能够使我国医药企业获得生产销售高价高效药物的市场机会，从而增强其营利能力。药物集中采购政策压缩了制药企业原有相对稳定的利润空间，迫使医药企业转而寻找新药研发的套利机会。

新药研发的创新机会，是指医药企业研发和转让新发明原创新药的知识产权，塑造新的盈利模式，从而开拓新的利润增长空间的机会。越来越多的医药企业转向原创新药生产，形成了对原创新药知识产权的更大市场需求。

新药研发企业不仅可以从生产新药的行为中获利，也可以从转让新药知识产权中获利，从而使原创新药知识产权本身成为一种商品。这意味着以新药知识产权为交易对象的全新市场正在出现和发展，从而带来了原创新药研发的创新机会。进入这个新的市场领域，是医药企业转型发展的重大机遇，往往成为医药企业多元化发展的重要方向。

（2）新药研发的单一投资策略和分散投资策略

医药企业作出（参与）新药研发的决策后，在项目不确定性高的情况下，采取适当的投资策略有利于在规避风险的同时提高自身投资回报率，进而实现风险与收益的平衡（张智颖等，2022）。由于原创新药研发具有周期性长、不确定性大、失败率高但潜在收益巨大等特点，往往涉及复杂的投资主体和关系。医药企业可以通过买入和卖出不同项目、不同阶段的医药研发成果，以投资组合的形式调整控制资产标的风险敞口，并获得资产的增值保值或超额回报。这在本质上属于典型的投资决策问题。选入本研究的四个案例中，总体上存在两种投资策略，即单一投资策略和分散投资策略。

新药研发的单一投资策略，是指只投资于一个原创新药研发项目（或技术）的投资策略，主要特征是精挑细选单一项目（或技术），实施聚焦式、长期化投入的投资策略。单一投资策略属于典型的“把鸡蛋放到一个篮子里”的行为，使企业发展与新药开发深度绑定。

新药研发的分散投资策略，是指同时投资于多个原创新药项目（或技术）的投资策略，主要特征是企业选择若干项目作为投资组合，并在项目推进过程中选择时机进入或退出。根据 Markowitz（1952）的现代投资组合理论，Sharpe（1964）提出投资者应根据资产成本收益特征与自身风险承担能力制定分散化的投资组合，降低非系统性金融风险。柯振埜等（2012）统计分析发现分散投资并不能提高企业投资绩效。对医药企业而言，分散投资在一定程度上减小了研发失败的损失，但也使资金使用更加分散。

投资开展原创新药研发是企业重要的战略性行为。从竞争战略视角看，单一投资策略是集中化战略的体现，而分散投资策略是多元化战略的体现。由于资源、能力与面临的市场机遇等不同，不同企业会采取不同的投资策略，以在投资价值与风险之间做权衡。单一投资策略集中资源于单个项目，可最大化其成功概率及价值。分散投资策略的单个项目成功概率较低，但多元投资可提升总成功概率。整体反映了产学研结合乃至产业链融合创新链的资金投入形式。在具体实践中，也出现了以项目业绩承诺及项目公司证券化为对赌条件的资金投入方式，这在更深层次上反映了产学研能力互信程度、项目质量和风险收益之间的复杂关系。本质仍是知识的深度挖掘以及学研成果向产业转化。

(3) 新药研发资源配置类别和配置方式

资源配置理论的基本原则是有限的资源应根据最大效用或利润原则进行配置，核心是有限资源的有效分配，以助于企业合理设定产学研合作研发行为，并将资源分配到有效的活动以实现最大效用。这意味着企业应根据自身可用资源的类型、数量和质量，以及投入资源以达到所需目标的可能性，不断改进资源的利用率，决策优化资源配置方案。

本项研究将原创新药研发的资源配置划分为资源类别（创新资产和顾客资产）和配置方式（深度的和广度的）两个维度。

①新药研发的资源配置类别：创新资产和顾客资产　在新药研发过程中，产学研各方在战略导向、资源比较优势和行为特征方面的差异性和互补性，为产学研合作的不同模式奠定了基础条件。基于与研发活动的关系视角，将各方投入新药研发的资源归纳概括为创新资产和顾客资产。新药研发产学研合作中，作为主导方的企业投入的资源类别由其拟捕捉的市场机会所决定，而学研方则投入相应的配套资源类别。

新药研发的创新资产，是指处于新药研发的上游环节，利用各类创新要素孕育形成新药知识产权所需要的资产，包括发现和研制新药所需要的知识、技术、人才、设备、资金等。创新资产是原创新药研发的核心资源，其质量和供给能力直接影响到原创新药研发的质量和效果。产学研合作中，创新资产中的人才、知识一般由学研方提供，其他资产企业方、学研方均可提供。

新药研发的顾客资产，是指处于新药研发的下游环节，将研发形成的知识产权转化为商品所需要的资产，包括药物生产工艺转移与放大、制剂开发、样品药物生产、药物品牌建设、药物销售等方面所需要的资金、人才、设备、知识等。顾客资产是原创新药研发的重要资源，其供给能力决定了原创新药研发成果能否顺利转变为市场价值，实现知识产权的变现。产学研活动中，顾客资产主要由企业方提供。随着新药知识产权市场不断形成和完善，新药专利、药物临床试验批准通知书日益成为交易标的物，并随着上市许可持有人制度的实践，研发和转化环节时而分离。

②新药研发的资源配置方式：深度的和广度的　基于产学研各方投入新药研发的资产专用性程度，将研发资源投入方式区分为深度和广度两个维度。

深度的配置方式，指研发主体投入新药开发的资产组合具有专用性，即所投入资产与特定研发活动深度绑定。

广度的配置方式，指研发主体投入新药开发的资产组合具有通用性，即所投入资产可在不同新药研发或多种用途间转换。

新药研发产学研合作中，作为主导方的企业配置资源的方式由其投资策略所决定，而学研方则采取互补性的资源配置方式。

（4）新药研发行为模式

在企业调研中发现，各医药企业在原创新药研发过程中表现出不同的行为特征。本项研究归纳总结为四类新药研发行为模式。为了更加形象地展示四类研发行为模式的特点，本研究采用比喻的方法为其命名。

①“立储式”新药研发行为　部分医药企业的新药研发行为表现为聚焦于单一类别原创新药，实施长期性、高强度投入。由于这种资源配置模式与古代帝王选立皇储类似，即反复考察后选定一人，一旦选定则精心培育，无极端情况绝不轻易更换，因此命名为“立储式”新药研发行为。

②“赛马式”新药研发行为　部分医药企业的新药研发行为表现为投资于多个新药研发项目，在研发过程中动态筛选。由于这种资源配置模式与赛马类似，即在无法判断“头马”的情况下，在竞赛中筛选和选拔“头马”，因此命名为“赛马式”新药研发行为。

③“采矿式”新药研发行为　部分医药企业的新药研发行为表现为投资于单一类别新药研发技术，实施长期性投入以获得多种新药专利产出。由于这种资源配置模式类似于采矿，即勘探选定矿床后不再轻易变换，持续投入生产要素方能获得持续性产出，因此命名为“采矿式”新药研发行为。

④“分封式”新药研发行为　部分医药企业的新药研发行为表现为投资于不同的技术创新方向，根据技术方向组建研发团队并筹集资金，通过多类新药研发知识产权交易（或估值增值）获得收益。由于这种资源配置模式类似于西周初期分封诸侯，周王为受封诸侯建立团队并配置最基本的创业资源，后续发展由诸侯自行筹集资源，优胜劣汰，因此命名为“分封式”新药研发行为。

4.2　研究方法

本部分采用多案例研究方法，通过案例对比进行分析。采用该方法的原因是：首先，案例研究方法适用于过程和机制分析，便于从整体上描述和揭示研究对象的整体性、综合性和动态性特征。当前，我国医药企业正处于从仿制药向原创新药研发生产过渡的过程中。对于这个过程，相关研究比较少。通过案例研究，可以更好展现海洋生物医药企业识别机会、配置资源和管控风险行为的特点，并分析内在规律。其次，本项研究本质上解决的是"How"型问题。海洋生物医药企业产学研合作开展新药开发是一个复杂过程，多案例研究有利于更好揭示产学研合作形成的内在机制。最后，多案例研究能够应用"复制逻辑"，其研究框架与准实验研究类似，能够识别潜在的因果关系，提高案例研究的效度（Eisenhardt & Graebner，2007）。多案例研究设计，有利于识别不同情境下企业推动产学研合作新药研发过程中关键行为的差异性和相似性，建构具有普适性和稳定性的理论（毛基业和陈诚，2017）。

4.2.1 案例选择

以理论建构为目标，本项研究严格遵守理论抽样的原则和复制逻辑，根据海洋生物医药业新药研发的特点，对具有产学研合作的企业进行筛选。案例选择遵循以下标准：一是研究主题的需求。本项研究拟聚焦于海洋生物医药企业以产学研合作开展原创新药研发的策略和模式问题。因此，所选案例均来自海洋生物医药企业，均系产学研合作新药研发事件。案例企业在发展战略、主营业务和资源能力等方面尽量保证多样性，提高研究的外部效度。二是案例选择的代表性和典型性。新药研发的产学研合作受到多种因素的影响，具有差异化、多样化的特点。这就要求在选取案例时，要高度重视产学研合作模式和新药研发行为的典型性和代表性。由于内外条件组合的差异，不同案例之间既具有相似性，又存在一定差异性。三是数据的可获得性。原创新药研发系医药企业的战略性行为，与之相关的研究需要得到案例企业的认可和支持。研究过程中，本项研究对案例企业开展了访谈、资料搜集、现场观摩，搜集了比较完善的数据资料。

基于以上原则，本项研究在研究中选取了 A 制药（青岛）有限公司（以下简称“A 制药公司”）、青岛 B 制药有限公司（以下简称“B 制药公司”）、青岛 C 制药股份有限公司（以下简称“C 制药公司”）、青岛海洋生物医药研究院股份有限公司（以下简称“D 制药公司”）四家企业作为研究对象。案例企业基本情况如表 4－1 所示。四家企业均系海洋生物医药企业（或具有海洋生物医药业务），均将海洋原创新药的开发作为本企业坚持发展的战略重点，同时又都位于青岛。将案例企业集中于青岛市选择的主要原因是：青岛市是我国海洋生物医药业最发达、集聚度最高的城市，2021 年海洋生物医药业实现增加值约占全国的 1/8。同时，青岛市海洋生物医药研发在全国最为活跃，我国知名海洋药物藻酸双酯钠（PSS）、甘露特钠（GV－971）等药物均发明于青岛。业务和地域的一致性，最大限度保证了研究对象非测度变量的近似性，提高了研究的信度。本项研究以四家企业产学研合作开展新药研发的过程作为分析单元，每个案例相当于一个独立实验（Yin，2010），通过案例对比分析来证明或否定一组观察结论。

表 4－1　案例企业基本情况

企业名称	A 制药公司	B 制药公司	C 制药公司	D 制药公司
企业性质	外资企业	有限公司	股份制企业（上市公司）	股份制学科型公司
主营业务	化学药、中药、保健食品生产	医药制剂生产、医药研发、药用原辅料生产、药品批发配送	医药产品品牌运营、批发配送及零售服务、医药研发	医药创新开发和技术服务
产学研合作类型	专利转让	专利转让、合作研发	合作研发	合作研发、兼职聘用
研发情况	原创新药 BG136 开发，已进入临床研究阶段	9 种新药集聚开发，有 2 种进入系统临床前研究阶段	基于 PROTAC 技术的新药开发，已设计出 2 个 PROTAC 药物分子	以学科项目为源头，基于多种技术的多种新药梯队式开发，多类新药进入临床研究或系统临床前研究阶段

4.2.2 数据收集与分析

(1) 数据收集

本研究采用了多种来源的数据（表 4－2）。主要包括：①半结构化访谈。一是对企业的访谈，2021 年 4 月至 2023 年 1 月，研究者先后对四家企业的 16 位高层管理人员和核心技术人员进行了访谈，经整理转录文字资料 24.4 万字；二是对企业产学研合作伙伴单位（大学、科研院所）的管理人员和科技专家进行访谈，累计访谈 13 人。经整理转录文字材料 18.0 万字。②企业内部资料，包括四家企业成立以来的会议记录、领导讲话、企业总结、内部刊物等资料，共搜集 92 份，98.7 万字。③外部资料。包括四家企业生产经营活动相关新闻报道，企业官方网站和社交媒体宣传资料，有关行业分析报告和研究论文等，共搜集资料 114 份，97.3 万字。数据分析过程中，以半结构化访谈资料为主要数据来源，其他资料作为补充信息。为了保证对所搜集资料的正确理解，本项研究还走访调研了其他海洋生物医药企业 3 家，对有关药物（仿制药、原创新药）研发的流程、企业决策机制等问题进行了讨论，对海洋生物医药业新药开发活动有了更为全面的了解，将数据分析纳入更具普遍性的行业背景中。

表 4－2 数据来源

数据来源及编码		A 制药公司	B 制药公司	C 制药公司	D 制药公司
半结构化访谈	案例企业管理及技术人员（C）	访谈 5 人，整理记录 7.2 万字	访谈 3 人，整理记录 3.8 万字	访谈 3 人，整理记录 4.5 万字	访谈 5 人，整理记录 8.9 万字
	合作学研单位管理及技术人员（X）	访谈 3 人，整理记录 4.1 万字	访谈 3 人，整理记录 4.4 万字	访谈 3 人，整理记录 3.9 万字	访谈 4 人，整理记录 5.6 万字

（续）

数据来源及编码	A制药公司	B制药公司	C制药公司	D制药公司
内部资料（N）	23 份，26.2 万字	19 份，18.5 万字	21 份，20.3 万字	29 份，33.7 万字
外部资料（W）	27 份，25.4 万字	24 份，19.5 万字	28 份，22.1 万字	35 份，30.3 万字

（2）数据分析

按照多案例研究的基本规范，本项研究的数据分析分为 3 个步骤：一是进行案例描述，开展案例内分析。重点分析案例企业面对复杂多变的外部环境，如何发现市场机会，作出新药研发决策？如何选择研发新药种类和合作伙伴？如何选择适当的合作模式？如何应对和管控风险？二是在案例内分析基础上，开展跨案例分析。采用复制逻辑，对四家企业识别机会、新药品种和合作模式选择、风险控制、资源配置等方面行为的异同进行比较，对比现有理论进行深入分析。三是基于前面的共性和差异分析，提炼形成具有解释力和稳定性的理论框架。研究者从原始质性数据出发，逐步提炼形成关键构念，并由两名研究者对关键构念进行交叉验证。由于本项研究涉及多个分析单元和多种构念关系，研究过程中对构念内涵、构念维度和解析指标进行了明确（表 4－3），避免由于构念界定不清带来研究偏差，使研究过程时刻与研究主题保持一致。研究过程中，本项研究坚持在数据、关键构念和现有理论之间进行反复比较和验证，直到构念之间形成稳定关系，搭建形成具有解释力的理论框架。在持续的信息挖掘和反复验证中，达到理论饱和。

表 4－3　关键构念、解析变量与测度指标选择

关键构念	解析变量	测度指标
机会识别	套利机会	工艺转移、生产许可、市场需求、市场份额、销售价格、品牌、利润等
	创新机会	技术潜力、分子设计、结构特征、生理机制、专利价值、股权融资等

（续）

关键构念	解析变量	测度指标
风险应对	单一投资	集中资源、唯一、确定性、计划、长期等
	分散投资	分散、概率、筛选、不确定性、定期评估、淘汰等
资源类型	顾客资产	专利转让、工艺放大、车间、制剂、临床效果、销售等
	创新资产	风险投资、研发平台、专家、技术能力、新颖性等
资源配置	资产广度	多样性、范围、推广、覆盖、分类、延伸等
	资产深度	专业性、突破、颠覆、嵌入、聚焦、锁定等

为了保证研究的信度和效度，本项研究采取以下措施。一是在研究启动之前，制定详尽的研究方案。邀请 3 位具有多年案例研究经验的专家对研究方案的合理性和可行性进行论证，提出修改意见，研究团队在反复讨论基础上逐步完善研究方案。二是采用多元化的数据。在构念形成过程中，坚持采用不同来源的数据的交叉检验，只有通过“三角验证”的构念方可采用。特别是对于拟研发新药种类选择、合作模式选择等关键问题，本项研究坚持从“产”和“学研”两方面采集证据，对双方来源信息进行反复比较，对于存在矛盾的信息利用电话或微信向信息提供者或第三方进一步采证，直到形成可信的逻辑关系，从而建立了相对完整的证据链。三是建立案例研究资料数据库。采用 NVIVO12 软件，对采集到的原始资料文字稿进行关键信息采集和编码。编码过程中，由两名研究者各自独立编码，共同讨论编码结果。对于不能取得一致的编码，由第三位研究者介入讨论，最终按照多数意见形成编码结果。四是注重与已有理论的比较。研究过程中，将形成的构念与已有文献、理论进行反复比较，检验构念、数据与已有理论的匹配程度。对于与已有理论存在矛盾之处，或已有理论未涉及之处，进行反复研讨，以期实现理论创新。通过理论、构念和数据之间的反复检验，逐步提升理论抽象水平，增强理论的信度和效度。

4.3 案例描述

4.3.1 A 制药公司：专注 BG136 商业开发

A 制药公司创始于 1994 年，前身是青岛海尔药业有限公司，1997 年兼并原青岛第三制药厂成立青岛海尔第三制药厂，2008 年 A 制药公司集团入股成立青岛正大海尔制药有限公司，2018 年更名为 A 制药（青岛）有限公司。公司于 2018 年 7 月在青岛西海岸新区中德生态园内建设新的厂址，占地约 230 亩，建筑面积约 7.7 万米^2，总投资人民币 8 亿元。公司拥有一流的厂房设施和源自世界一线品牌的先进生产、检验设备，采用国际先进的工业软件系统，实现了生产全过程智能监控和管理。公司产品分为海洋药物、中药、化学药和保健食品四大门类，涉及心脑血管、消化系统、骨质疏松、糖尿病、营养保健等多个领域。公司曾经产业化我国第一个现代海洋药物藻酸双酯钠（PSS），并在国内首先仿制成功美国专利到期药物——盖三淳(骨化三醇软胶囊)，填补了国内空白，获山东省轻工业科技进步奖一等奖。目前该产品国内市场占有率已连续八年位居同类品种第一位。目前，A 制药公司致力于打造国际领先的海洋药物自主研发平台，将研发投入提高到销售收入的 8%以上。原创新药 BG136 的研发是企业走向自主创新的主要发力点。

BG136 是从海洋褐藻中提取分离的一种天然多糖类药物，由中国海洋大学以在南极海域首次发现的海洋藻类来源多糖活性物质为先导化合物研制。药物研制的早期基础研究中，先后得到了国家海洋局专项、国家自然科学基金、山东省科技专项等公共基金支持。在候选药物研发阶段，动物实验已经验证了 BG136 在结肠癌和黑色素瘤方面的疗效。2018 年，A 制药公司在反复比较筛选后，选择 BG136 作为企业未来重点开发的原创新药。A 制药公司与中国海洋大学、药研院签有合作开发协议，并实施“里程碑式”专利转让协议。A 制药公司亦出资推动该药物实施系统临床前研究和临床研究，按照研发进展节点逐步转移药品知识产权。2020 年该药物基本完成了系统临床前研究，向国家药监部门提交了临床研究申请。2022 年 12 月，该药物获得了国家药品监督管理局临床研究批准文件，稳步进入临床研究阶段。

4.3.2 B 制药公司：聚集开发、梯次产出

B 制药公司位于青岛市崂山区，是研发、生产、销售缓控释制剂为主的高新技术企业，致力于为患者提供高质量的药品和慢病治疗解决方案。公司前身为青岛市第一制药厂，成立于 1959 年。2004 年公司改制为公司制民营企业。历经多年发展，形成了以医药制剂生产为主业，向上覆盖创新药研发和药用原辅料生产，向下涵盖药品批发配送，并逐渐涉足医药产业孵化的综合性医药运营格局。B 制药公司以打造中国缓控释制剂领军企业为战略目标，以心脑血管系统用药、内分泌用药、神经类疾病用药和抗肿瘤药物为产业重心。2014 年收购原青岛华海制药厂。公司主要产品有伲福达［硝苯地平缓释片（Ⅱ）］、伲利安（坎地沙坦酯胶囊）、畅欣达（硝酸异山梨酯缓释片）、麦特美（盐酸二甲双胍缓释片）、甘美健（复合磷酸酯酶肠溶片）、元顺（氨咖麻敏胶囊）、复方甘草口服溶液等。其中，伲福达以其独特的工艺，于 2014 年获评中国专利奖优秀奖。2016 年，更是被中国药促会评定为“中国最具临床替代价值仿制药”。麦特美自 2012 年以来销量一直居于同品类制剂前列，连续多年被评为“中国化学制药行业内分泌及激素类优秀产品品牌”。

面对我国医药政策调整，B 制药公司将海洋来源的原创新药研发作为企业转型发展的一项重要举措。公司采用产学研合作的方式推动新药开发，与中国海洋大学医药学院管华诗院士团队深度合作，依托其倡导的“蓝色药库”开发计划，于 2019 年合资成立研发子公司——青岛海济生物医药有限

公司（以下简称“海济生物”），聚焦发力海洋生物医药创新研发这一战略性新兴领域，研究领域覆盖抗病毒、抗肿瘤、代谢异常等多个方向，力争获得一批海洋创新药物的临床批件。海济生物公司通过“聚集开发、梯次产出”的创新运营模式实现“政、产、学、研、金、服、用”全链条融会贯通。通过“风险投资＋知识产权＋合同制研发服务”三者结合的方式对知识产权和投资权益明确的新药项目进行研发管理。组建权威的专家团队，构建项目筛选评价体系，目前已筛选并正在研发的海洋创新药物数量已达到 9 个，其中 2 个候选药物已经进入系统临床前研究阶段，有望在一年内实现两个重点项目药物取得临床批件。公司已于 2021 年年底成功实现 A 轮 5 000 万元融资目标，并将在五年以内冲击科创板实现 IPO 上市。

4.3.3 C 制药公司：聚力突破 PROTAC 技术

C 制药公司是一家股份制上市公司，主营业务是提供医药产品生产企业营销综合服务，包括提供医药产品的品牌运营、批发配送及零售服务；为品牌医药生产企业提供产品营销的综合解决方案。公司基于品牌运营、全数据平台客户管理、长期运营三大核心能力，为优质品牌搭建高速公路，为上游企业提供全渠道解决方案，提升运营效率。经过十余年的积累，公司已形成强大的营销网络，合作大中型医院 1.4 万余家、药店 37 万余家，已孵化出多个品类领导品牌，与上百家上游企业形成稳定合作关系。公司为医药生产企业提供消费者教育、产品学术推广、营销策划、商务接洽、产品分销、流向跟踪、供应链管理等服务。公司运营的迪巧、泌特、哈乐等品牌已经成为重要的收入来源，其中迪巧品牌连续多年保持 10 亿元以上的销售收入。目前，公司致力于多元化运营，不断拓展品类至创新药、医美等领域。

原创新药研发是 C 制药公司多元化经营的一个重要方向。2021 年 3 月，C 制药公司出资成立了普泰科生物医药科技有限公司（以下简称“普泰科”，

Prociva therapeutics)。普泰科是自主创新的生物技术公司，专注于靶向蛋白降解（TPD）药物的发现、开发及商业化。普泰科以国内顶尖高校和科研机构为科学支撑，同时拥有一支具有全球化视野的研究和管理团队，与中国海洋大学合作成立了蛋白降解药物联合研究中心。目前，公司在肿瘤、炎症、代谢性疾病等多个治疗领域布局，针对临床未满足之需求，尝试以海洋来源化合物为基础，研发独具特色的蛋白降解疗法。普泰科坚持自主创新，以科学探索为牵引，以临床需求为导向，研发改善现有人类疾病治疗格局的First - in - class 药物。普泰科的主要技术攻关方向是 PROTAC（Proteolysis - targeting chimeras，蛋白降解靶向联合体）技术，是一种利用泛素-蛋白酶系统（Ubiquitin - proteasome system，UPS）对靶蛋白进行降解的药物开发技术。PROTAC 是一个两头含有不同配体的化学分子，一头是结合 E3 连接酶的配体，另一头是结合细胞内蛋白质的配体，这两个配体再由一段 Linker 连接起来。这样的化学分子既可以结合 E3 泛素连接酶，又可以结合胞内蛋白质，通过把靶向的蛋白质招募到 E3 泛素连接酶附近来实现靶向蛋白质的多泛素化，最后被蛋白酶体降解。PROTAC 可以循环使用，不被蛋白酶体降解。在患者体内，PROTAC 的靶蛋白配体和靶蛋白结合，E3 泛素连接酶配体和细胞内的 E3 泛素连接酶的底物结合区结合，从而通过 Linker 把靶蛋白拉近到 E3 泛素连接酶旁边，实现 UPS 系统将靶蛋白降解。该技术在药物开发领域属于前沿技术，一旦突破将带动药物开发技术的飞跃，推动开发出一批抗肿瘤、炎症和代谢性疾病的新药。目前，公司正在产学研合作进行 PROTAC 分子设计。

4.3.4 D 制药公司：打造海洋生物医药研发创新链

D 制药公司是由中国海洋大学在国家海洋药物工程技术研究中心和医药学院的基础上创办，按现代企业制度管理、具有独立法人资质的海洋药物协同创新基地（平台），是高校实控的股份制学科型公司。D 制药公司于 2013

年 7 月注册创立，2014 年 7 月正式运行，创始人是我国著名的海洋药物学家、中国现代海洋药物研究的开拓者与奠基人、中国工程院院士管华诗先生。作为顺应国家海洋战略、海洋药物学科发展规律和产业发展势头应运而生的创新型成果转化和技术转移机构，D 制药公司重点从事海洋生物医药领域的科学研究及科技开发主导下的各种技术转让、咨询与服务，致力于加速海洋科技成果熟化开发和技术转移转化，支撑、引领海洋生物医药行业的科技创新，推进海洋生物医药产业的快速发展。根据发展定位和任务的需要，该公司按照协同创新模式的运作，积极打造“政、产、学、研、用、金”一体化的海洋生物医药（技术、产品）协同创新基地。基于海洋生物医药产业研发链条及新产品、新技术、新工艺产出的特点，建立六大产品研发平台和六大技术服务中心及产业子公司，强化了“科学→技术→工程→产业”的有效贯通，形成了以“科技研发”为核心，“技术服务和工程、产业化开发”两翼互动发展的生动格局。

为适应国家发展的重要战略机遇期和国家战略需求，D 制药公司立足海洋生物医药新技术新产品研发，提出了“蓝色药库”开发计划。“蓝色药库”开发计划以海洋天然产物研究及海洋药物开发近一个世纪的研究成果为基础，以国家、社会等多元资本的大力投入为主要推动力量，依托研究院平台，聚集全球生物医药创新资源，旨在对海洋药用生物资源进行全面系统、科学有序的开发。“蓝色药库”计划以促进产业崛起为目标，以新药创制为导向，在海洋生物医药基础研究、重大共性关键技术、应用示范等阶段设计的主要任务有：构建我国海洋生物医药资源库，储备一批海洋药用生物战略资源；聚焦探索海洋药物研究开发中的重大科学问题，为海洋药用生物资源利用和海洋药物开发奠定理论基础；突破一批海洋新药创制关键技术，构建起若干具有自主知识产权的海洋候选药物快速发现与成药的关键核心技术体系，为海洋新药快速产出提供强有力的技术支撑；针对严重危害人类健康的重大疾病，源源不断汇聚并熟化海洋候选新药，加速研制具有自主知识产权的海洋创新药物和高科技高价值生物功能制品。

4.4 研究发现

4.4.1 海洋生物医药企业对原创新药研发的机会识别

基于对四家案例企业的分析发现，海洋生物医药企业从仿制向自主创新转型的动机来源于对市场机会的识别。这种对新的市场机会的发现，不仅来源于产业环境、政策环境的动态变化，也与企业自身资源禀赋、发展战略息息相关。不同的企业对市场机会的识别具有较大的差异性。A 制药公司和 B 制药公司表现为较明显的对原创新药研发的套利机会寻求型特征，而 C 制药公司和 D 制药公司则表现为较明显的对原创新药研发的创新机会寻求型特征（表 4－4）。

表 4－4 海洋生物医药企业原创新药研发机会识别的典型证据援引

企业	典型证据援引	套利机会识别	创新机会识别
A 制药公司	某主要产品（仿制药）进入国家集中采购，售价大幅下降，处于保本或微利水平（N、W）	√	
	公司主营产品国内同类产品众多，在集中采购中竞争激烈（C、W）	√	
	研发投入逐年提高，从销售收入的 4%提高到 8%（C、N）		√
	与仿制药比较，原创新药的生命周期更长，有知识产权壁垒，价格不会一下降下来（C）	√	
	BG136 治疗肿瘤是一个新机制，和已有的抗肿瘤药物不同，因此处在一个新的细分市场（X、C）	√	
	随着居民收入和医疗水平提高，抗肿瘤药物市场处于持续扩张中（W）	√	
	企业有生产海洋藻类来源药物的经验，生产 BG136 有人才和技术方面的优势（C、X、N）	√	

（续）

企业	典型证据援引	套利机会识别	创新机会识别
B制药公司	某主要产品（仿制药）在国家集中采购中落标，意味着失去了在医院渠道约10亿元/年的销售收入（W、X）	√	
	若干药物品种在集中采购中多达30～50家企业竞标，各企业产品技术指标没有明显差别，竞争白热化（C）	√	
	正在开发的某药物属于“老药新用”，研发周期短，成功可能性大（C、X）	√	
	瞄准白血病、乙肝等难治愈疾病，公司布局了一系列新药（C、N）	√	
	围绕公司“大健康”战略，原创新药研发是一个重要单元（C）	√	
	新药研发中间成果或技术的知识产权，也可以市场化转让（C、X）		√
C制药公司	随着药品集中采购政策的实施，若干制药企业有开展原创新药研发的计划，新药研发技术市场潜力很大（W、C）		√
	PROTAC技术在新药研发方面表现出很大潜力，一旦取得突破，能够推动一批抗肿瘤药物开发（C、X）		√
	国内外抗肿瘤药物市场潜力巨大（W、C、X）	√	
	医药研发领域优秀科学家回国意愿增强，能够满足高水平人才需求（X）		√
	高水平人才把国际前沿的医药研发技术带回国内，使公司PROTAC技术处于国际前列水平（C、X）		√
	公司推行“医疗健康”战略，制药不是公司主业，开发新药研发技术与开发新药并重（C、X）		√
	PROTAC技术突破产生了若干新机制候选药物，该项技术及其开发的候选药物增强了公司融资能力（C、X）		√
	PROTAC技术在临床研究中已经成功实现了针对前列腺癌、乳腺癌、非小细胞肺癌等疾病相关靶点（如AR、ER、EGFR、KRAS、ABL）的成功降解（C、W）		√
	国内大学研究机构高水平海洋生物医药团队有新技术开发的能力，也有意愿（C、X）		√
D制药公司	D制药公司系由大学组织成立的学科型公司，主要目标是推动海洋生物医药科研成果向商品化新药转化（C、N）		√
	大学在科研人员兼职、大型仪器使用、专利转让等方面给予D制药公司支持（C、X、N）		√

（续）

企业	典型证据援引	套利机会识别	创新机会识别
D制药公司	山东省、青岛市政府通过科研立项和产业基金对若干新药研发及新药研制技术开发提供支持（C、X、N）		√
	医药企业对新药研发投入加大，有股权投资、研发合作、技术服务等方面合作的企业越来越多（C）		√
	国家对科研人员创业和企业兼职的配套政策逐步完善（W、X）		√
	若干科研人员有将成果转化作为科研主业的转型意愿（X）		√
	D制药公司通过出售新药专利、提供新药研发技术服务等方式来营利。经实践检验，这种模式是可行的（C）		√

注：资料来源符号含义同表4-2。

（1）新药研发套利机会识别

市场的不均衡状态是套利机会产生的基础。套利机会源自市场供需的动态变化。这就要求企业对未被满足的市场需求或未被充分利用的资源保持高度的关注。随着我国现代化进程的加快，国民收入的增长，对健康消费的增加，对新药（特别是治疗重大疾病的药物）的市场需求得以扩大。国家医药政策的不断调整和完善，对药品市场的供需关系造成持续性的影响。在这种动态变化中，由于新药研发能够填补新出现的市场需求，因此出现了新药研发的套利机会。案例分析发现，案例企业通过经营活动感知套利机会，根据企业发展战略确定捕捉套利机会的具体行为。

一是企业对市场原有套利机会变化的感知。随着政策改变，制药企业原有套利机会消失或受到威胁，迫使其寻找新的套利机会。A制药公司、B制药公司的主营业务均为药品制造，对其影响最大的政策当属药品集中采购政策。在传统的营销模式中，各制药企业均有一个或若干个具有较强市场影响力的“拳头”产品（如A制药公司的阿法骨化醇、B制药公司的伲福达），由于其质量或品牌的优势在谈判中处于强势，面对众多的采购者具有较强的议价能力。在药品集中采购政策实施后，国家通过行政手段构建了药品买方市场，由行政主管部门代表众多医院统一议价和确定供货单位。这大大降低了制药企业的市场议价能力。无论中标与否，企业均面临市场套利空间大幅压缩的困境。A 制药公司一位管理人员举例，某药企主力产品（硝苯地平缓释片）在集中采购中落标，每年 10 亿左右的销售额基本归零，导致企业立即陷入生存危机。B 制药公司一位技术人员指出，即使集中采购中标，利润也会大幅下降。某制药企业某类治疗乙型肝炎药物，在竞标中大幅压价，最后以原市场价格 3%的价格中标，导致无利可图。在此背景下，制药企业原有的以规模经济、品牌运营为比较优势的发展战略受到较大影响。与此相对，从事原创新药研发的市场套利机会开始受到企业高度重视。

二是企业对新药研发的套利机会的发现。在动态变化的市场中，原创新药研发能够为医药企业带来套利机会。B 制药公司一位高层管理人员指出，由于原创新药是独家生产，不会进入国家集中采购目录，能够维持较高的市场价格。而且，国内重大疾病药物市场需求正在持续扩大。因此，当前形势下原创新药研发越来越受到企业关注。原创新药在先导化合物发现和筛选阶段，相关科研人员就将填补市场空白或建立对已有药物的比较优势作为候选药物研发的基本准则之一。原创候选药物大多是针对重大疾病（如肿瘤、神经退行性疾病等），或与已有药物比较具有更优的疗效或更小的副作用。A 制药公司一位高层管理人员谈到，公司在合作伙伴选择过程中，对接触到的候选药物进行了反复的比较和论证。BG136 最终入选的主要原因之一，是其抗肿瘤的特殊机制，具有巨大的市场潜力。B 制药公司在候选药物选择中，也聚焦于白血病、乙型肝炎等重大疾病、难治愈慢性病，以期通过新产品抢占未被充分开发的新市场。

三是企业对套利机会的识别和利用与企业战略有关。研究发现，强调对新药研发套利机会识别的两个案例企业均为制药企业。将注意力用于对套利机会的识别和捕捉，与企业生产经营的思维惯性有关。即在旧的套利机会消失或被压缩的情况下，通过原创新药研发来抓住新的套利机会。具体来看，两个案例企业由于企业战略的差异，识别和利用套利机会的手段也不尽相同。A 制药公司确定了坚持制药主业的发展战略，强调通过持续性的新产品研发，不断抢占新的市场。由于制药企业资金、产能和营销能力的限制，企业在一定时间内只能聚焦于一个原创新药开发，因此采取了精挑细选、深度开发的产学研合作策略。B 制药公司确定了多元化经营的发展战略，正在围绕“大健康”主题开展广泛布局。新药研发是其布局的一个方面，新药研发成功后既可以自行转化开展药品生产，也可以出售知识产权，因此采取了多种类布局的产学研合作策略。

四是基于套利机会识别，企业确定了自身在产学研合作中的定位，并采取了相应的合作策略。案例企业为了更好获取套利机会，在产学研合作中采取了以下策略。第一，合作对象的选择主要考虑研发能力和资源的互补性。产学研合作的目的是新药的商业化生产，因此更加看重合作学研方在新药创制方面的能力，特别是主导完成新药系统临床前研究的能力，以及联合推动工艺转移和放大的能力。A 制药公司高层管理人员、关键岗位技术人员均提及，与 BG136 团队合作的一个重要原因是双方已经有多次合作经历，认为研发团队熟悉企业生产流程，新药生产工艺转移会比较顺利。第二，关于合作模式。医药企业将自身定位于新药知识产权的购买者，双方一般选择专利转让或授权方式开展合作。以 A 制药公司为例，企业选择同大学、新型研发机构签订合作研发转化协议，签订了“里程碑式”分阶段转让合同，按照约定的进展付款和转移知识产权，分担了新药研发的风险。第三，关于合作起止阶段。企业以新药商品化生产为目标，为了缩短研发和转化周期，一般选择系统临床前阶段介入。企业介入越晚，新药研发的确定性越大。但买家之间竞争越激烈，企业购买专利付出费用越高。A 制药公司选择了 BG136 一种药物，在该药已处于系统临床前研究阶段启动精准合作；B 制药公司由于采用多种药物聚集式研发模式，在候选药物选择时采取了组合策略，不同药物的合作启动阶段从候选药物研制阶段（成药性开发）到系统临床前研究阶段均有。第四，关于新药开发的营利模式。企业为了获取套利机会，通过购买专利自行转化，生产和销售商品化的药物来实现商业开发。本研究选取的案例中，A 制药公司即采用了上述策略；而 B 制药公司由于同时开发药物较多，采取逐步筛选策略，可能在研发过程中将部分在研药物的知识产权转让，实现对投资组合的调整。

（2）新药研发创新机会识别

相比于套利机会，创新机会强调机会的产生基于创造市场不均衡状态的新奇价值。一方面，医药企业转型加快，原创新药知识产权的市场需求增加；另一方面，随着技术发展，新的药物研发技术不断涌现，若干前沿技术正处于实用化的关键时期。在此背景下，新药研制被认为有望成为新的利润增长点。一些医药企业将主营业务从药物制造、药物销售向药物研发拓展。本项研究发现，部分案例企业通过锁定药物研发的关键技术，评估技术突破的可行性和市场潜力，识别新药研发的创新机会。

一是从需求端来看，随着我国医药政策转变，制药企业对原创新药研发的需求增加。案例企业调研发现，各企业对新药市场潜力均持乐观态度。C 制药公司一位技术专家指出，PROTAC 技术为新药研发提供了一条新路径，可以为肿瘤、慢性炎症等难治愈疾病提供治疗新方案，有望引发新药研发的革命。D 制药公司的一位高层管理人员强调，海洋（特别是深海、热泉等极端环境）生物中有大量陆地生物不存在的活性化合物。以这些活性化合物为基础，利用现代生物技术来开发海洋新药，存在巨大的市场潜力。新药的潜在市场需求催生了制药企业对引进和生产新药的需求。这就从需求端刺激了新药研发，扩大了新药研发的营利空间，吸引若干医药企业将药物研发作为重点培育的业务。

二是从供给端来看，随着我国经济发展和技术水平提高，新药开发的技术、人才、资金等要素的相对充裕。这为海洋生物医药企业开展原创新药研发提供了基本条件。在对 D 制药公司的调研中发现，该公司利用中国海洋大学作为其股东的特殊关系，通过科学家兼职聘用、工程师全职招聘等方式，已经建立了一支具有较高技术水平的研发队伍，在若干药物开发技术领域已经达到了国内或国际领先水平。C 制药公司则聚焦于 PROTAC 技术，以留美归国专家 C 博士为领军科学家建立了专业化的研发队伍，其 PROTAC 分子设计能力达到国际前沿水平。此外，两家案例企业通过股权融资、风险投资、政府研发经费支持等方式，为药物开发关键技术攻关和批量化研发筹集到了资金。这为企业识别和捕捉新药研发的创新机会提供了坚实的物质基础。

三是综合来看，现阶段新药研发的创新机会增加，能够支撑企业创新发展战略。从历史发展进程来看，由于资金、人才、技术等方面的制约，长期以来我国不具备原创新药大规模开发的条件。大量医药企业满足于制药生产，有限的研发资源用于国外到期药物的仿制，走的是低成本、短周期的创新路线。近年来，市场对新药研发技术需求的增加，以及研发所需高端要素的集聚，使我国海洋生物医药企业能够将原创新药开发作为重要的主营业务，在企业发展战略中扮演重要角色。C 制药公司从医药销售起步，逐步实施“医疗健康”多元化经营发展战略。由于公司药品生产板块相对较弱，短期内没有自产新药的需求，因此将原创新药研发作为企业长期培育的业务板块，将主要发力方向确定于 PROTAC 技术突破，而不是具体的新药品种开发。D 制药公司定位于医药研发和服务企业，将新药开发确定为主营业务，实施了技术突破与新药产品开发并重的发展战略。

四是基于创新机会识别，企业确定了自身在产学研合作中的定位，并采取了相应的合作策略。案例企业为了更好获取创新机会，在产学研合作中采取了以下策略。第一，关于合作对象选择。企业以新药知识产权销售（或股权融资）而非新药生产销售来营利（或增值），因此研发成为企业的主业。企业已经搭建了较完整的新药研发和转化架构，具备一定的系统临床前研究、临床研究以及工艺转化能力。对合作对象的选择往往着眼于关键技术环节的能力建设，通过与专业化机构、团队和人才合作，获得或增强相应能力。C 制药公司选择了在大学全职的教授团队作为合作伙伴，而 D 制药公司则为一批在大学工作的高水平专家提供平台，供其兼职或全职双聘开展应用型药物研发和转化活动。第二，关于合作模式。由于新药研发在系统临床前阶段以前的高度不确定性，案例企业一般选择合作研发模式，即企业与合作机构和专家团队共同提供研发所必需的要素（资金、研发条件、知识、经验、专业化技术等），按照约定比例分享预期知识产权。C 制药公司即采用了上述模式。D 制药公司则更进一步，采取与专家、专家所在单位签订三方合同，聘任专家在 D 制药公司兼职甚至个别全职开展工作的形式来进一步提高合作研发效率。第三，关于合作起止阶段。企业预期通过知识产权增值来营利，因此选择增值投入比（增值/投入）最大阶段开展产学研合作。C 制药公司聚焦 PROTAC 技术，从新药研发的最前段（即化合物合成阶段）进入，预计在系统临床前研究或临床研究阶段出售药物专利并退出。D 制药公司则采取了研发技术、研发团队组合策略，产学研合作多起始于候选药物研制阶段，预计在系统临床前研究或临床研究阶段退出。第四，关于营利模式。如前所述，新药研发的创新机会带来的营利空间在于新药研发过程中，随着成药性和安全性的不断验证，新药研发成功概率持续提高，新药专利的价值提升。企业利用这种估值的增长来获利（专利销售或股权融资）。

4.4.2 海洋生物医药企业对原创新药研发的投资策略选择

(1) 基于风险认知的新药研发投资策略选择

投资风险是医药企业投资原创新药不得不面对的重要问题。调研发现，案例企业对投资原创新药研发的风险均有清醒的认知。原创新药研发投资风险来源于其高投入、长周期和低成功率的创新活动特点。

①周期长　原创新药研发一般需要经历四个阶段。一是先导化合物研究阶段，包括苗头化合物的发现、筛选、结构测定、生理活性分析等工作，属于基础性研究，一般由大学、科研院所完成。二是候选药物研制阶段，包括先导化合物的结构优化、剂型研究，通过动物试验对化合物的成药性和安全性进行基本分析，得出符合科学规范的研究结果，属于应用基础研究，一般仍由大学、科研院所完成。三是系统临床前研究阶段，主要是根据国家药监部门管理要求，开展一定规模的动物实验，以及分析测试，进行数据测量和积累，使对候选药物成药性和安全性的认知达到临床研究的标准，属于技术开发，一般由产学研合作完成。四是临床研究阶段，按照规范要求开展一定规模的人体试验，进一步确认候选药物成药性和安全性，属于技术开发，一般由产学研合作完成。五是产业化阶段。由制药企业实施生产工艺转移和放大，开发商品化的药品，属于工程开发，主要由制药企业完成。整个周期完成一般需要 10～20 年时间。

②投入大　候选药物开发之前的基础研究活动规模比较小，一般通过科学基金或其他来源资助完成。进入系统临床前阶段后，试验规模扩大，所需研发费用急剧上升。A 制药公司对 BG136 的研发投入进行估算，认为完成临床研究后，整体研发费用将达到 5 亿元以上。2019 年国家药品监督管理局有条件批准的国家 1 类新药“九期一”（甘露特钠，GV－971，用于治疗阿尔茨海默病）总研发费用也高达 6 亿元。

③失败率高　以海洋生物医药业为例，我国每年发现海洋生物来源的活性化合物多达数千个，能够完成候选药物开发并获得专利的仅数十个，近30年来真正获批上市的海洋原创新药仅PSS、GV-971和韦地西妥三个。正是由于原创新药研发高投入、高风险的特点，我国海洋生物医药业在很长时间里少有下决心开展原创新药研发的企业。

从风险投资视角来看，分散投资是常见的投资策略（宋砚秋等，2018）。在高度不确定的市场环境中，多元化投资能有效分散投资风险，提高投资绩效。从资产组合角度，投资行业过于集中会放大系统风险，从而对投资绩效产生负效应（李严等，2012）。在若干新兴产业，出现了大量构建多样化投资组合提高投资绩效的案例（Yang et al.，2014）。从知识管理视角来看，投资于多个项目能够产生学习效应，提高投资者知识和经验，从而降低投资风险（Humphery-Jenner，2013；徐勇和贾键涛，2016）。通过分散投资策略，可以通过组合投资，引进一部分高风险项目，从而实现更好的投资绩效。另外，分散投资策略可以与分阶段投资策略相结合（张岭等，2019），从而构建更加灵活的投资策略（Francesca & Oved，2003）。

案例研究发现，虽然分散投资具有上述诸多优点，但仍存在坚持单一投资策略的企业。或者说，本项研究发现，原创新药研发的投资策略可以分为两类：单一投资策略和分散投资策略。原因是，原创新药研发作为一种高度专业化的投资，其项目评估筛选不仅存在高度的专业门槛，也有较高的成本，包括组建和维持高水平专家团队、反复评估研判所付出的经济成本和时间成本。如果缺少专业化知识、不作认真细致评估，无论选择单一投资策略还是分散投资策略均具有极高风险。因此，医药企业根据自身资源能力状况确定了不同的新药投资策略。案例企业调研发现，企业选择单一投资策略或分散投资策略（表4-5），主要取决于其新药项目（技术）评估筛选能力。

表 4-5　海洋生物医药企业原创新药研发风险应对策略的典型证据援引

企业	典型证据援引	单一投资策略	分散投资策略
A 制药公司	公司基于政策环境变化，逐渐产生了从仿制药研发向原创新药研发转型的意愿，中间经历了数年时间（C、X）	√	
	公司确定了自主研发，在本企业转化生产的策略。由于企业资金、人员、场地等方面限制，只选定一个候选药物（C）	√	
	公司反复比较，经过多次筛选，最终选定投资 BG136 系统临床前研究（C、X）	√	
	公司集中资金、技术人员全力配合 BG136 系统临床前和临床研究（C、N）	√	
	BG136 专利转让和后续临床研究、工艺放大等环节投入巨大，成功与否对企业影响很大（C）	√	
	由于原创新药研发风险高、投入大，在合作研发中公司采取"里程碑式"专利转让模式（C、X、N）	√	
B 制药公司	公司制定了"大健康"发展战略，制药、药物研发等都是其中的一个组成部分（C）		√
	新药开发中，公司采用集群式开发策略，推动多种候选药物种类研发，目前在研药物已多达 9 种（C、N）		√
	各新药品种研发进程中，公司进入阶段并不一致，合作对象、研发方式也不同（C、X）		√
	公司与一所大学、一家研发机构三方合作成立了新公司，专门实施原创新药的集群式开发（C、X、N）		√
	目前有 2 个新药品种进入系统临床前研究阶段，公司投入加大（C）	√	
C 制药公司	公司制定了"深耕医疗健康"发展策略，以医药销售为主业，药物研发是公司战略的组成部分（C、N）		√
	公司在研所有新药化合物均系采用 PROTAC 技术分子设计获得（C、X）	√	
	公司预期通过 PROTAC 技术突破，获得持续的新药化合物设计能力，将之作为公司新药研发核心竞争力（C）	√	
	公司以 C 博士为核心组建了新药研发机构，所有人员、设备均按照 PROTAC 技术推进要求配备（C、X）	√	
	公司新药研发的目的是出售新药专利（或中间成果的知识产权），没有自行生产的计划（C、N）	√	
	公司将 PROTAC 技术优势作为医药研发的核心优势，并致力于强化该优势（C、W）	√	

（续）

企业	典型证据援引	单一投资策略	分散投资策略
D制药公司	作为学科型公司，D制药公司专注于基于高校、科研院所上游半成熟成果的原创新药开发（C、X、N、W）	√	
	D制药公司目前在研新药有数十个，处于不同进展阶段，大部分与医药企业合作研发（C、X、N）		√
	在研药物全部属于海洋生物来源原创新药，但化合物类别较多，成药机制差异性大（X）		√
	D制药公司以海洋糖类药物为主要技术创新方向（C、X）	√	
	D制药公司以新药研发合作和技术服务为主要营利模式，新药开发的模式、进度充分考虑合作方企业的意愿和投入强度（C、X、W）		√
	D制药公司根据合作方企业需求成立二级公司，以服务企业研发为目的开展创新活动（C）		√

注：资料来源符号含义同表4-2。

（2）新药研发的单一投资策略

A制药公司、C制药公司两个案例企业采用了单一投资策略，即严格筛选拟合作研发的候选药物或药物开发技术，一旦选定则集中大量资源全力推进研发工作，提高新药研发的成功率。A制药公司在作出产学研合作开发原创新药的决策后，利用较长时间对若干候选药物进行了比较和筛选，包括成药性、安全性、市场潜力、候选药物专利持有人等，最终选定了BG136作为唯一的目标药物（A制药公司在投资过程中，也曾尝试与学研方签署系列海洋糖类化合物投资计划协定，但终未能实施，这是一种风险规避，即企业回避、停止或退出某一风险的商业类型或环境，避免成为风险所有人）。当时该候选药物刚刚进入系统临床前研究阶段，海洋藻类成分来源决定了具有较高的安全性，而其疗效也得到了初步的验证。公司将该药物作为未来企业最重要的接续性产品，将最主要的研发资源投入其系统临床前和临床研究中。C制药公司则在广泛咨询和比较基础上，将PROTAC技术选定为重点突破方向。选择该技术方向的主要依据是，该技术虽属于新药研发前沿技术，但其市场潜力和技术可行性已经得到全球普遍认同。上述案例表明，企业新药研发的单一投资策略意味着企业在精挑细选后锁定有潜力和确定性的投资项目（技术）。

案例企业调研发现，选择单一投资模式的企业均存在新药项目（技术）评估筛选能力不足的特点。与仿制药比较，原创新药研发具有很大的不确定性。处于候选药物阶段的原创新药，由于尚未开展大量的动物试验（系统临床前研究）和人体试验（临床研究），其有效性和毒性均无法精确评估；而完成系统临床前研究乃至临床研究的新药，由于成药性已经明确，市场认可的新药专利往往价格高企。因此，投资于早期开发药物需要丰富的专业知识和经验。A 制药公司作为传统的制药企业，在药物研究开发方面知识、人才储备薄弱。访谈了解到，该公司在原创新药投资决策过程中，在每一个候选新药评价和筛选中均需要从全国邀请权威专家开展多轮论证，耗费大量时间和精力。C 制药公司作为传统的医药销售企业，亦不具备药物研发基础，新药研发体系的论证、设计，以及研发团队的组建，基本借助于“外脑”。由于上述企业在新药研发方面的非专业性，导致其新药研发项目（技术）评价筛选能力不足，集中资源于一个最具潜力的项目（技术），不失为良策。

（3）新药研发的分散投资策略

B 制药公司、D 制药公司两个案例企业采用了分散投资策略，即同时选取若干候选药物或技术模式同时推进研发，通过集群开发提高成功率。采用“边走边看”的研发路径，初期每个候选药物投入均不大，研发过程中逐步优胜劣汰。虽然单个品种成功率较低，但通过集群式开发仍有较大可能保证个别新药完成研发全部流程。B 制药公司通过合资成立药物研发企业，先后将 9 个候选药物纳入开发体系，目前已有 2 个进入系统临床前研究阶段。D 制药公司作为医药研发和服务机构，从高校和科研院所承接半成熟项目，采取多技术、多适应证、多品类开发同时推进策略，在研发过程中不断评估成功开发可能性和市场潜力，确保将多元主体汇聚的资源用于原创品种开发和核心技术攻关。

案例企业调研发现，选择分散投资模式的企业均突破了新药研发项目（技术）评估筛选能力不足的制约。B制药公司作为传统的制药企业，其储备的技术人才主要集中于制药工艺领域，对新药研发不熟悉。为了解决能力不足问题，B制药公司联合相关药物新型研发机构和大学合资注册成立了海济生物，将海洋原创新药投资作为其主营业务。以合资公司为平台搭建利益共享机制，通过灵活机制实现了对一批海洋药物领域高水平专家的“引智”，具备了相应的候选药物评价筛选能力，为其集群式开发战略提供了智力支撑。更为典型的是D制药公司，该公司由医药研究科研人员为主体创建，以药物研发和转化为主业，拥有比较完善的研发体系，包括专兼职权威专家团队、专业化研究队伍和配套技术装备。因此，对于新药研发各类前沿技术均比较熟悉，有能力同时在多个技术领域开展新药研发及相关服务业务。综上，以相应的能力禀赋为支撑，B制药公司、D制药公司均采取了分散投资模式，并取得较好效果。在具体实践中，两家企业均在政府引导下采用了风险对冲的策略，即与学研方签有对赌协议，学研方如不能在规定时间内实现既定项目开发目标将与企业共担风险补偿；并且B制药公司还采取了风险转换方法，即通过适时战略调整和衍生产品手段，积极拓展“大健康”市场，以获得稳定现金流。

4.4.3 海洋生物医药企业原创新药研发的资源配置机制

海洋生物医药企业在面向自主创新开展产学研合作过程中，面对动态变化的市场机会和投资风险，根据自身资源条件和发展战略的差异，采取了不同的资源配置模式，以最大化地利用机会和管控投资风险。案例研究发现，原创新药研发过程中，案例企业在产学研合作中选择配置的主要资源类别（创新资产和顾客资产）与其识别的机会类型（套利机会和创新机会）相关；资源配置方式（深度的和广度的）与其采取的投资策略（单一投资策略和分散投资策略）相关。本项研究尝试归纳其规律性并探寻原因。

（1）机会识别与资源配置类别的关系

企业的套利机会识别与顾客资产配置行为存在较强关联。基于套利机会识别作出原创新药研发决策的企业均为制药企业。企业投资新药研发的目的是为实现主营产品的升级换代。以 A 制药公司为例，该公司作为传统型的制药企业，始终将制药作为企业发展的主业。20 多年的发展中，公司在每个阶段都有明确的主营药物产品。BG136 就是公司寄予厚望的下一代“拳头”产品。A 制药公司负责人表示，“BG136 通过与天然免疫细胞表面的特定受体结合，激活机体免疫系统、增强机体免疫力，发挥控制和杀伤肿瘤细胞的作用”“公司将继续推进新旧动能转换，让海洋药物成为新的海洋产业增长点，并进一步提升产能，打造海洋药物研发生产基地，加速‘蓝色药库’产学研用成果转化，加紧开展原有海洋药物的二次开发和标准提升工作”。因此，新药研发过程中 A 制药公司投入的资源绝大部分属于顾客资产。例如，A 制药公司以专利购买方式（购买学研方已经形成或即将形成的知识产权）投入研发资金。为了解决研发不确定性问题，采用了“一次性签订合同，分阶段付款”的“里程碑式”转让模式。此外，企业还对新药工艺转移和放大、规模化量产作了多方面准备，包括生产环节技术队伍组建、培训和设备订制等。与此同时，海济生物是以市场化、产业化为主要目标任务以促成海洋药物产学研精准对接的聚集开发式平台，B 制药公司虽通过海济生物投资了多个新药研发项目，但仍然以专利购买方式（而非研发经费提供方式）投入资金，并以生产环节的技术优势作为支撑。总的来看，基于套利机会识别作出新药研发投资决策的企业，所投入资源主要处于新药研发的下游环节，系将研发形成的知识产权转化为商品所需要的资源。因此，本项研究认为，企业的套利机会识别与顾客资产配置行为存在较强关联，这是由企业发展战略和资源比较优势所决定的。

企业的创新机会识别与创新资产配置行为存在较强关联。基于创新机会识别作出原创新药研发决策的企业均非以制药为主业的企业。企业投资新药研发的目的不是生产新药，而是形成新药知识产权。也就是说，企业预期中并非通过生产和销售新药来营利，而是通过创制和转让新药专利来营利。以C 制药公司为例，通过组建普泰科，打造研发平台，以 PROTAC 技术为主导技术，通过分子设计来开发一系列原创新药，将之作为公司未来重点培育的业务之一。企业投入的资源主要是研发经费，包括实验室建设、研发团队引进与培养、新药研发项目运营、部分关键技术装备购置等。更为典型的是D 制药公司，该公司以承接高校、科研院所的上游先导化合物研发为主业，建设了一系列专业化药物开发与检测实验室，在各主要技术方向上建设了专业化的专家和技术团队，通过“十年磨一剑”的发展定力，D 制药公司已打造出一个具有完全自主知识产权的海洋生物医药创新链，助力“蓝色药库”从战略构想到实现系统开发的转变，助力我国海洋生物医药进入新天然产物发现和新药开发并举的新时期。所投入资源均为创新资产。总体来看，基于创新机会识别作出新药研发投资决策的企业，所投入资源主要处于新药研发的上游环节，主要投入将各类创新要素转化为新药知识产权所需要的资源。因此，本项研究认为，企业的创新机会识别与创新资产配置行为存在较强关联，这也是由企业发展战略和资源比较优势所决定的。

（2）投资策略与资源配置方式的关系

企业对新药研发的单一投资策略与深度的资源配置方式存在较强关联。原因在于，企业投资于单一新药研发项目（或技术），仅需要考虑投入资源（包括人才、技术、装备等）的使用效率，而不需要考虑通用性问题。因此，所投入资源大多具有较强专用性，即深度的资源配置方式。A 制药公司投资 BG136 研发项目，从签订“里程碑式”转让合同至今，公司已在该产品上投入了 2 亿～3 亿元，未来预计将继续投入 4 亿～5 亿元，配置的创新资产全部用于一个新药研发，将公司发展与该新药研发项目深度绑定。C 制药公司围绕 PROTAC 技术建设专业化实验室，聘请海外归国 PROTAC 技术权威专家担任研发团队负责人，其投入的创新资产也是深度的。总的来看，单一投资策略与深度的资源配置模式在逻辑上是一致的，也为研究案例所验证。因此，本项研究认为，企业对新药研发的单一投资策略与深度的资源配置方式存在较强关联。

企业对新药研发的分散投资策略与广度的资源配置方式存在较强关联。原因在于，企业投资的一系列新药研发项目（或技术）虽然可能有所关联，但仍会存在或大或小的差异性。企业投入创新资源（包括人才、技术、装备等）时必须考虑其通用性问题，只有增加通用性才能提高创新资源在投资组合中的利用效率，即使这样很可能牺牲创新资源对单项项目（或技术）的使用效率。B 制药公司为应对分散化投资带来的投资效率降低问题，采取联合专业化机构合资组建通用投资平台公司的方式，专门负责新药项目投资运营。但这种投资效率提升是以企业放弃部分投资决策权和利润而换取的。D 制药公司为了掌控新药研发的全部创新链条，围绕关键技术环节开展软硬件建设，其中若干技术能力（如毒理、杂质检测）都是通用的，即绝大部分新药研发都需要使用。通过配置广度的创新资产，实现了新药研发的综合技术优势。总的来看，分散投资策略与广度的资源配置模式在逻辑上是一致的，也为研究案例所验证。因此，本项研究认为，企业对新药研发的分散投资策略与广度的资源配置方式存在较强关联。

4.4.4 海洋生物医药企业原创新药研发产学研合作模式

新药研发过程中，企业方与学研方基于资源互补性开展产学研合作，以企业为主导形成相应的资源配置模式。由于企业方对市场机会识别的差异性，以及投资策略的差异性，其研发行为可以归纳为“立储式”“赛马式”“采矿式”“分封式”四类行为模式，其产学研合作中也对应形成了四类资源配置模式。企业根据识别到的不同机会类型选择主要资源配置类别（顾客资产和创新资产），基于投资策略选择主要资源配置方式（深度的和广度的），呈现出多样化的产学研合作模式（图 4－1、表 4－6）。

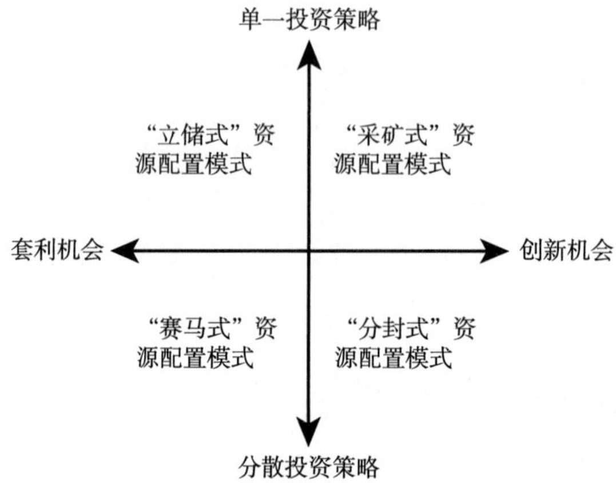

图 4－1　海洋生物医药企业原创新药研发产学研合作模式

表 4－6　海洋生物医药企业原创新药研发产学研合作模式的典型证据援引

企业	合作对象	典型证据援引	配置要素	配置导向	配置模式
A 制药公司	企业方	①企业方获得新药知识产权的方式为专利转让。（C、X、N）②在研药物研发成功后，由企业方自行转化生产。（C）③企业方主要作为新药专利的购买方，在药物系统临床前研究、临床研究阶段，企业方主要以专利分阶段转让方式提供资金支持。（C、X）④企业方技术人员、设备投入主要在工艺放大和生产阶段。（C、X）⑤新药专利转化后，企业方主要利用原有生产系统、销售系统来生产和销售新药（C）	顾客资产	深度	立储式

（续）

企业	合作对象	典型证据援引	配置要素	配置导向	配置模式
A制药公司	学研方	①学研方作为新药研发的组织者推进研发活动。(X) ②学研方以候选药物专利持有人为核心组建新药研发团队。(C、X) ③研发团队主要负责候选药物的系统临床前研究和临床研究。(C、X、N) ④研究经费按照“里程碑式”合同约定分阶段获取。(C、X) ⑤研究团队主要精力专注于一种新药的研发，以获得国家药监部门新药批文为目标。(X)。⑥研究团队在国际上首次将海藻来源的糖类药物应用于肿瘤免疫治疗 (C、X、W)	创新资产	深度	立储式
B制药公司	企业方	①企业方获得新药知识产权的方式为专利转让。(C、X、N) ②原创新药研发是企业方多元化经营的内容之一。(C、W) ③在研新药获得新药批文后可能由企业方生产，也可能转让出售专利。(C) ④企业方筛选一批候选药物开展研发，品种之间没有排他性。(C、X) ⑤企业方采取“边走边看”的方式，视各新药品种研发进展决定下一阶段资助强度。(C、X) ⑥企业方有可能在新药研发过程中出售其获得知识产权，或以其融资以获得现金流。(C) ⑦通过整合产学研各方优势，发起设立“海洋创新药物开发计划”，把一批“半成熟”海洋创新药率先筛选并研发出来。(C、W) ⑧以往的科研合作一般是科研单位做了原理性验证，然后就交给企业，企业再去变成产品。本合作包括最开始的立项、攻关问题提出、技术路线改进，到冲刺临床准入，全链条企业都有深度参与 (C、N)	顾客资产	广度	赛马式
	学研方	①学研方作为新药研发的组织者推进研发活动。(X) ②学研方组建一个研究团队同时从事多种新药研发，或根据新药品种组建多个研发团队。(X、W) ③研发团队组建之初规模较小，后续视研发进展和企业方资助情况决定团队规模。(C、X) ④新药研发进展有计划但无强制性安排。(C、X) ⑤此次合作是海洋生物医药领域产学研合作的一种创新模式，不同于以往单个项目的合作模式，新模式以“研发计划”为主体开展长期合作，同时部署多个海洋新药开发项目 (X、W)	创新资产	广度	
C制药公司	企业方	①企业方获得知识产权的方式为自行组织研发。(C、X) ②企业方作为研发活动的组织者而非客户方参与新药研发。(C、X) ③企业方以转让新药知识产权方式营利。(C、W) ④企业方根据新药研发计划按需求引进学研方作为合作者。(C) ⑤企业方虽然推进若干个在研新药，但均主要来源于同一类核心技术。(C、X) ⑥企业方围绕该核心技术持续投入形成新药研发的技术优势 (C、X)	创新资产	深度	采矿式

（续）

<table>
<tr><th>企业</th><th>合作对象</th><th>典型证据援引</th><th>配置要素</th><th>配置导向</th><th>配置模式</th></tr>
<tr><td>C制药公司</td><td>学研方</td><td>①学研方作为新药研发的参与者推进研发活动。（C、X）②学研方参与新药研发的方式、团队、提供的技术均由企业方为主确定。（C、X）③学研方在企业预期形成的核心技术方面具有不可替代的作用。（C、X）④学研方以技术入股、收取技术服务费等方式获得收益（C、X、W）</td><td>创新资产</td><td>广度</td><td>采矿式</td></tr>
<tr><td rowspan="2">D制药公司</td><td>企业方</td><td>①企业方获得知识产权的方式为自行组织研发。（C、X）②企业方作为研发活动的组织者而非客户方参与新药研发。（C、X）③企业方以转让新药知识产权方式营利。（C、X）④企业方系专门从事新药研发服务的机构，作为新药研发技术的提供者为下游企业提供服务。（C、X、N、W）⑤企业方根据下游企业需求组建多个研发团队，从事多方向、多品种新药研发活动。（C、X）⑥企业方根据研发需求选择学研方作为合作对象，以及确定产学研合作的方式。（C）⑦对海洋药物产学研集群的形成，人才创新机制功不可没，人才团队的引进及各种高端专业化人才的聚集在其中起到了核心作用。（C、W）⑧公司投入高校、科研院所的早期项目，不是只关注它的收益率，更关注项目的成长性，以树立一种投早、投小、投海洋原创的理念。（C、N）⑨企业鼓励与研究者共同成立项目公司并享受地方领军人才创新创业政策，以最大程度绑定人才、创新机制、整合资源熟化上游项目（C、X、N）</td><td>创新资产</td><td>广度</td><td rowspan="2">分封式</td></tr>
<tr><td>学研方</td><td>①学研方作为新药研发的参与者推进研发活动。（C、X）②学研方参与新药研发的方式、团队、提供的技术均由企业方为主确定。（C、X）③学研方作为从事医药研发的专业性机构，在新药研发技术、人才、设备方面具有独特优势。（C、X）④学研方以技术入股、收取技术服务费等方式获得收益。（C、X）⑤学研方作为新型研发机构，各类研究项目经费超过亿元，其中只有30%是政府拨付的研发经费，70%的经费都需要依靠与产业合作等多种方式获得，科研项目从立项之初就和产业需求牢牢绑定。（X、N）⑥学研方正在试行事业合伙人机制（C、X、N）</td><td>创新资产</td><td>深度</td></tr>
</table>

注：资料来源符号含义同表4-2。

(1)“立储式”资源配置模式（企业方：深度的顾客资产+学研方：深度的创新资产）

当海洋生物医药企业识别到的市场机会是套利机会，选择的投资策略是单一投资策略时，其研发行为特点是精挑细选一个拟开发新药品种，实施高强度、持续性的资源投入，即“立储式”研发（如A制药公司）。该行为模式对应资源配置模式具有以下特征：一是企业方识别和捕捉的是新药研发的套利机会。案例企业认识到新药开发能够满足潜在的市场需求，打算通过研发并生产这种新药来获取新收益。企业组织开展新药研发的主要目的是自行转化生产。二是企业方的投资策略是单一投资策略。案例企业应对新药研发风险的办法是精心筛选可选候选药物，最终选定一个最具开发价值的新药种类，然后集中资源、全力开发，提高研发成功概率。三是企业方配置资源主要是深度的顾客资产。由于案例企业研发新药的目的是自行转化生产，因此投入的资源主要在新药研发的下游端，即与新药生产相关的环节。而且，所有资源聚焦于一个新药种类，因此顾客资产配置是深度的。四是学研方投入的主要是深度的创新资产，最为重要的是专家的知识和创新能力，以及必要的研发条件等。所有资源聚焦于一个新药种类，其资产配置方式也是深度的。五是企业方支付给学研方的资金，主要用于获取新药的知识产权。由于企业新药研发的目标是自产，因此以获得新药全部知识产权为目标。由于这种资源配置模式与古代帝王选立皇储类似，即反复考察后选定一人，一旦选定则精心培育，无极端情况绝不轻易更换，因此本项研究将该策略命名为“立储式”资源配置模式。

(2)“赛马式”资源配置模式（企业方：广度的顾客资产＋学研方：广度的创新资产）

当海洋生物医药企业识别到的市场机会是套利机会，选择的投资策略是分散投资策略时，其研发行为特点是同时选择若干个具有一定市场开发潜力的新药品种，先给予少量初始研发资源，后续随新药研发进展定期评估开发潜力，逐步筛选和加大资源配置力度，即“赛马式”研发（如B制药公司）。该行为模式对应资源配置模式具有以下特征：一是企业方识别和捕捉的是新药研发的套利机会。企业对新药开发市场机会的认知与“立储式”策略企业类似，均期望通过新药商业化生产来获取潜在的市场收益。二是企业方的投资策略是分散投资策略。案例企业设定候选药物筛选标准，组合投资若干在研新药。在研发过程中根据新药开发潜力以及市场需求情况决定是否继续加大投入。由于总的研发资源有限，部分新药知识产权可能在开发过程中出售或转让，也可能继续引进新的候选药物，实现动态平衡。三是企业方配置资源主要是广度的顾客资产。企业研发新药的主要目的是自行转化生产，因此配置资源主要处于研发活动的下游。由于在研新药品种较多，并且存在动态调整的可能性，顾客资产配置需要考虑其通用性，因此配置方式是广度的。四是学研方投入的主要是广度的创新资产，包括专家的知识和创新能力，以及必要的研发条件等。为了适应企业方分散投资的需求，学研方投入的创新资产也具有通用性特征，因此配置方式也是广度的。五是企业方支付给学研方的资金，主要用于获取新药的知识产权。同时，由于部分新药专利可能转让，在合作研发初始阶段不一定清晰界定未来知识产权归属。由于这种资源配置模式与赛马类似，即在无法判断“头马”的情况下，在公平竞赛中筛选和选拔“头马”，本项研究将该策略命名为“赛马式”资源配置模式。

(3)“采矿式”资源配置模式（企业方：深度的创新资产＋学研方：广度的创新资产）

当海洋生物医药企业识别到的市场机会是创新机会，选择的投资策略是单一投资策略时，其研发行为特点是选择一类具有较大潜力的新药开发技术，而非具体新药品种进行开发，即“采矿式”研发（如C制药公司)。企业将创新资产集中投入该类新药研发技术的关键技术环节突破方面，以期形成前沿技术优势。该行为模式对应资源配置模式具有以下特征：一是企业方识别和捕捉的是新药研发的创新机会。企业认识到市场变化使制药企业研发生产原创新药的需求增加，因此通过攻克医药研发前沿技术，形成持续性产出新药专利的能力，能够获得潜在营利空间。二是企业方的投资策略是单一投资策略。企业采用集聚资源于某一类前沿技术，全力推动关键技术环节的突破。该前沿技术是经过认真比较筛选后确定的，一旦确定主要技术攻关方向后，一般不再改变。三是企业方投入的主要是深度的创新资产。企业新药研发的营利模式是出售和授权新药专利，而不必自行转化生产。因此，企业主要投资于创新要素，如人才聘用、条件建设等。由于只开发一类技术，所以资源配置方式是深度的。四是学研方投入的主要是广度的创新资产。企业方专注于一类技术开发，出于资源配置效率的考虑，主要配置该技术研发所需的关键人才、技术和装备。但是，新药开发是一项系统工程，若干通用性技术环节（如毒理测试、杂质分析、制剂工艺、药代研究、数据统计分析等）也不可或缺。学研方基于互补性原则，主要提供上述方面研发条件的支撑。因此，学研方配置的资源类别是创新资源，其配置方式是广度的。五是企业方与学研方合办企业，双方的营利模式都是通过转让或授权所研发新药专利，或通过技术优势或新药专利带动企业估值上升来实现。这种资源配置模式类似于采矿。首先需要勘探找矿，选定富矿后再投入人力物力方能获得源源不断的产出。本项研究将该策略命名为“采矿式”资源配置模式。

（4）“分封式”资源配置模式（企业方：广度的创新资产＋学研方：深度的创新资产）

当海洋生物医药企业识别到的市场机会是创新机会，选择的投资策略是分散投资策略时，其研发行为特点是同时选择若干个具有潜力的技术方向，同时投入资源进行关键技术攻关，并利用逐步形成的技术优势进一步筹资，形成正向循环，即“分封式”研发（如D制药公司）。该行为模式对应资源配置模式具有以下特征：一是企业方识别和捕捉的是新药研发的创新机会。企业对新药开发市场机会的认知与“采矿式”策略企业类似，均期望通过前沿技术突破形成新药研发的相对技术优势，从而在新药研发产出方面形成比较优势。二是企业方的投资策略是分散投资策略。企业选择多个前沿技术方向进行攻关，其资源投入是分散的，其资源筹集也是分布式的。各技术方向上取得的相对技术优势与筹集资金能力正向相关。三是企业方投入的主要是广度的创新资产。案例企业建立了比较完备的新药研发条件，搭建了原创新药研发平台，并以平台为基础在多个技术方向上开展新药研制活动。因此，企业配置资源主要是创新资产，其配置方式是广度的。四是新药研发的学研方投入的主要是深度的创新资产。由于案例企业以药物研发为主业，所以选择的学研方主要是大学、科研院所的专家和研究团队。由案例企业提供新药研发条件，各专家团队在企业药物研发平台上开展特定新药研发活动，投入的是针对特定新药开发的知识、技术。因此，学研方配置的主要是创新资产，配置方式是深度的。五是学研方以入股、兼职的方式加入企业方或以合资形式开办子公司，其营利模式是依托于新药研发技术相对优势形成的更强的新药专利产出能力，通过专利转让（授权）或公司估值提升获取收益。这种资源配置模式类似于西周初期分封诸侯，周王为受封诸侯建立团队并配置最基本的创业资源，后续发展由诸侯自行筹集资源，优胜劣汰。本项研究将该策略命名为“分封式”资源配置模式。

5 海洋生物医药企业产学研合作绩效的影响机理

在当前发展阶段，海洋生物医药业产学研合作的重点在于合作研发。由第三部分分析可知，仿制药研发并非真正的新药研发。由于仿制药的药物成分和药理特性等已知，所开展的制剂研究、系统临床前研究、临床研究等研发工作的重点在于保证仿制药与被仿药的一致性，因而其工作内容相对简单，项目周期短而风险低。从合作研发视角来看，仿制药的合作研发主要涉及专利购买、技术培训、技术服务等相对简单的交易型的合作，合作的紧密性比较低，对合作研发绩效的要求和衡量相对比较简单。而第三部分的分析表明，与仿制药研发不同，海洋生物医药新产品的研发难度、复杂性和周期大大增加，并在研发合作方面展现了与仿制药研发显著不同的新特性。这些新特性包括：创新网络规模更大、网络成员异质性更强、网络结构更复杂，需要引进更多专业化机构，同时采用更复杂的机制来分散风险，其组织学习模式也更为复杂。从合作研发视角来看，海洋生物医药研发所涉及的合作伙伴更多，所组成的合作研发团队规模更大，合作内容和方式更为复杂，合作的紧密性更强，对合作组织管理的要求与仿制药相比大为提高。更重要的是，由于需要创造出新产品、新技术或新知识，海洋生物医药新产品研发对创新研发绩效的要求也更高，衡量方式也更为复杂。面向自主创新的海洋生物医药合作研发，需要在研发工作难度提升与研发合作复杂性大为增加的情境下，着重解决通过有效的合作研发组织管理来提升产学研合作绩效问题，或者更准确具体地说，如何提升合作研发的创新绩效这一关键问题。

基于上述认识，本部分从组织管理视角研究海洋生物医药企业产学研合作绩效的影响因素及作用机理，着重研究海洋生物医药合作研发中的关键组织行为因素对创新绩效的影响。考虑到对海洋生物医药领域的企业而言，在外部环境因素及自身规模、技术创新能力、知识吸收能力等相对给定的情况下开展创新研发合作，对于合作研发活动所展开的组织管理活动最具可变性和主体能动性，是企业提升合作创新绩效的关键着力点，且这一因素在现有文献中还缺乏关注，因而本部分将其作为组织行为因素的重点。总体而言，本部分在已有理论和文献基础上，从微观、能动的视角对海洋生物医药领域合作研发中组织行为因素影响创新绩效的机理进行研究。

本部分按照“理论分析-提出假设-实证检验”的基本逻辑展开。其中前三节为理论分析部分，讨论所涉及的关键构念以及所构建的理论模型的理论含义，后三节为实证检验部分，通过对相关企业进行问卷调查，运用统计软件分析具体数据，深度分析基于假设命题的模型机理。本部分着重分析的关键影响因素包括“合作管理质量”“投入水平”“信任”“动机”“绩效”等构念。在此基础上，进行理论命题假设的提出，即基于理论基础、已有文献及海洋生物医药研发情景提出关键构念（潜变量）之间待验证的理论关系。最后，本研究遵循先整体再分项分析的原则，基于前三节的构念与假设，收集调查数据，采用路径模型和多元回归方法对命题进行检验，并对结果进行深刻剖析。

5.1 关键影响因素的内涵

“动机-行为-绩效”框架在产学研合作创新的情境中得到了较多运用。

如秦玮和徐飞（2011）运用该框架探讨了产学研联盟动机、合作行为与联盟绩效之间的关系，并进行了实证检验。杨小婉等（2021）借鉴该框架探究了产学研合作对学术绩效提升的影响路径。本研究也选择基于“动机-行为-绩效”这一框架开展影响海洋生物医药产学研合作创新绩效的组织行为因素及其影响机理研究。值得注意的是，与一般的组织行为过程不同，合作研发涉及合作方之间的合作行为，而产生合作行为的基础是合作方之间存在一定程度的信任。“动机-行为-绩效”针对的是一般性的组织行为主体，而非基于合同形成的合作性组织。因此，更具针对性地剖析合作研发机理，需要在逻辑主线之中加入“信任”这一关键基础性因素。因此，本研究提出了“信任-动机-行为-绩效”的拓展框架，并在此基础上构建出理论模型。其中信任是合作的前提和基础，开展信任研究可以更好地理解合作动机；动机形成于个体内在需要与外部环境刺激的相互作用，开展动机研究旨在回答“为什么”的问题，即个体行动的动力机制议题；而行为来源于动机，是个体动机的外在表现，开展行为研究需要以动机研究为基础，只有深刻认识主体行为动机，才能更好地理解主体行为模式；绩效是行为的结果反映，开展绩效研究有助于明确主体行为模式的优劣，并为行为模式转换提供依据。因此，本节针对这四个方面的核心构念进行内涵解读，为后续的模型变量选择提供依据。

5.1.1 合作行为的内涵

（1）合作行为的概念范畴

合作是一种联合行动，并且这种联合行动可以给各经济主体带来利益，这种利益是互惠互利的（Clements & Stephens，1995；Gibbons & Dugatkin，1992）。当群体中某个成员的行为会对其他成员产生影响时，从私人角度进行的优化决策和从社会角度进行的优化可能并不一致，而是存在着冲突。合作是能够降低“冲突”程度的一种基本经济行为，可以给群体整体带来利益(黄少安和韦倩，2011)。从企业层面看，合作行为是为达到共同目标及进一步维持和发展伙伴关系所开展的行动及所产生的行为方式（严敏等，2015；马蓝和安立仁，2016)。

综合现有文献来看，在合作研发的情境下合作行为主要包括人员配置、资金与设备配置、工作分工与协调、沟通交流、工作实施、学习与成长、对时间进度以及成本、质量、风险等的协调与控制等行动，以及在其中所体现出的沟通方式、重视程度、决策方式、协调方式等行为方式。概括来看，对于主体间合作行为的度量可以归为资源投入、组织管理方式、关系及态度三个方面。其中，资源投入是合作的基础和前提，从合作过程来看具有前置性和主观能动性，虽然资源投入量受资源约束所限，但其仍具有较高的主观可控性，是奠定组织间合作研发成败的基础性因素；组织管理则是贯穿整个合作过程的可控程度最高的因素，很大程度上决定了组织间合作的成败；而关系和态度一方面是合作过程的前置性因素，另一方面需通过具体的管理行为体现，其本身缺乏操作性。根据以上讨论，本研究着重研究合作行为中的资源投入行为与组织管理行为。

(2) 资源投入行为

资源投入行为是指企业为实现创新研发目标而投入各种资源的行为。海洋生物医药的创新研发，是利用海洋生物资源研发新型药物、器械和治疗方案，需要大量的资源投入，包括人力、物力和财力等多方面。人力是海洋生物医药业创新研发的核心资源，其质量和数量直接影响着创新研发的成果。在人力投入方面，合作研发项目需要建立一支高素质的研发团队，包括技术专家、工程师、设计师等多个领域的人才。由于海洋生物医药业的研究对象广泛，涉及生物学、化学、药学等多个学科领域，因此需要具备跨学科的综合能力的研发团队。物力是支撑海洋生物医药业创新研发的重要资源，它包括了研发所需的各种设备、材料、仪器等。新药的研发需要进行大量的试验和测试，因而尤为需要各类专业的实验仪器设备以及大量的实验材料和化学试剂等。由于海洋环境中的特殊生物和环境因素需要专门的研发设备和工具来进行研究，因而在物力投入方面，海洋生物医药业具有独特的要求，如深海高压环境下的药物传输和稳定性测试需要特殊的设备和技术手段。因此，海洋生物医药业的物力投入相对于传统医药产业来说更加复杂和高端化。此外，充足的财力是海洋生物医药创新的重要保障。与一般研发项目类似，海洋生物医药创新研发会涉及会议差旅、论文发表、公文处理、设备运行、薪资奖金、办公经费、专利使用、外包外协、场地设备租赁等各方面的经费使用，充足的财力保障会有效提高创新研发的成效。

(3) 合作管理行为及其质量

产学研主体之间的科研合作，其载体是具体的合作科研项目。对合作研发项目的管理包含了“项目管理”“研发（创新）管理”“合作行为管理”三方面内涵。作为具有非重复性特征的项目，合作研发项目需要开展项目管理所需的各类管理工作，包括范围管理、时间管理、成本管理、质量管理等。而作为创新性的研发项目，合作科研项目具有进度、成本、工作范围、工作成果等的多重不确定性，这给项目管理带来多重挑战和复杂性。此外，合作科研项目需要合作方在工作分工、成本分摊、风险承担、进度安排等诸多方面进行合作。从合作视角来看，项目分工合作的公平性及合理性水平高低，都对项目管理的成败具有决定性影响，这为项目管理工作带来进一步的复杂性。因此，鉴于合作研发项目中管理行为的复杂性及重要性，本研究提出合作科研项目的“合作管理质量”这一概念。合作管理质量的内涵，是合作研发项目所开展的计划、组织、协调、控制等各项管理行为的工作水平或优劣程度；其外延则具体体现为项目工作范围界定的明确性、进度安排的合理性、工作分工与成本分摊的合理性、项目质量管理的有效性等。后文中所提到的“合作管理质量”，专指合作研发项目管理行为的质量。

5.1.2 信任关系的内涵

(1) 信任与合作的内在关系

人类社会本质上是在相互信任和合作的基础上建立起来的人与人之间的关系网，信任与合作作为社会资本的核心内容有着深刻的内在联系（陈叶烽等，2010）。信任是一种态度，即相信某人的行为或周围的秩序符合自己的愿望（郑也夫，1999）。或者从相反角度来看，信任是施信者相信受信者的行为不会损害自己的利益，并在此心理指导下做出的相关行为（Mayer et al.，1995）。人与人之间的信任是合作和社会协调互动的基础（Blau，1964），实验研究表明，通过信任博弈实验测度的信任水平与合作水平显著正相关（陈叶烽等，2010）。从实践角度来看，合作双方的资源投入、能力水平、任务分配、工作质量以及合作过程中的信息交流和冲突解决等，难以完全通过正式的契约来规定，且即使有正式的契约，也难以充分保障其完全得到执行，因此合作方之间的信任成为合作关系建立和合作工作有效开展的基础。从信任促进合作的理论机制来看，普遍认为信任有助于降低不确定性和机会主义行为带来的风险（Bergh et al.，2011；周广肃等，2015），而Fukuyama（1995）和Nooteboom（2002）进一步指出合作作为一种社会交易，更高的信任水平会降低整体交易成本和不确定性，从而保障合作关系的稳固性，而只有在相互之间处于较高信任水平时，人们才愿意与他人展开交易行为。在海洋生物医药原创新药合作研发过程中，创新工作本身具有很强的主客观不确定性，信任无疑是合作建立和有效运行的重要基础。上述理论分析表明，应将信任作为合作绩效影响机理分析的前置因素。

(2) 信任的类型

根据合作关系的主体不同，信任可分为个体信任、群体信任和组织信任等层级。根据信任关系的实质及分类视角的不同，信任可分为认知信任、情感信任、制度信任、社会信任、计算信任、知识信任、关系信任以及认同信任等（张敬伟等，2022）。当前产学研合作领域对组织间信任的分析并没有形成统一的理论认同。不同学者基于不同理论视角，对组织间信任有相近或相异的不同理解，可谓见仁见智。当前有关研究中运用较多的两个理论框架，一是“计算信任-关系信任”分析框架，二是“能力信任-善意信任”分析框架。“计算信任-关系信任”这一分析框架将信任分为计算信任与关系信任两类（Laura et al.，2016）。其中计算信任基于理性机制，是指合作主体相信遵守合作契约的收益，大于出于其私利的机会主义行为的收益从而遵守合作契约。从其内涵来看，计算信任是前瞻性的基于利益的决策，其核心逻辑是激励（Parkhe，1993；Srinicasan & Brush，2006）。关系信任则是基于感性机制，由社会交往中所蕴含的关系产生，当参与方对合作方的诚意和努力抱有强烈的正性信念，同时双方拥有相似的价值观及共享信念时，会推动信任关系形成。从其内涵来看，关系信任的核心逻辑是互动性，并依赖于启发式决策规则（Bromiley & Harris，2006）。“能力信任-善意信任”这一框架则将信任分解为能力信任和善意信任。其中，善意信任是指参与方信任其合作伙伴的声誉，认为其合作伙伴能够出于其他合作方利益及合作整体利益行事，而非仅以自身利益为驱动；而能力信任则是指参与方认可其合作方具有某项技能或能力使其在特定领域拥有一定影响力（Maurer et al.，2011；黄珊珊，2020）。

本研究采用“能力信任-善意信任”分析框架。其原因在于，追根溯源地来看，信任作为相信某人行为或周围秩序符合自己愿望的一种态度，可以表现为三种期待，即对自然与社会的秩序性、对合作伙伴承担的义务、对某角色的技术能力（郑也夫，1999）。其中，对合作伙伴承担义务的期待符合善意期待的本意，而对某角色技术能力的期待符合能力信任的本意。组织信任领域的经典文献也将信任分为能力、诚实和仁慈 3 个维度（Mayer et al.，1995），其中，诚实和仁慈与善意信任的含义基本一致。从变量测量角度而言，由于含义清晰简明，“能力信任-善意信任”分析框架更适宜做项目层面的测量。

5.1.3 合作动机的内涵

现有研究基于不同理论视角对企业参与产学研合作的动机展开多方面探讨。Shachar & Zuscovitch（1990）认为通过产学研合作，能够获取研发能力、生产技能、技术成果及组织能力，降低企业的运行成本、风险以及与生产技术相关的不确定性，从而提升企业发展潜力。Bonaccorsi & Piccaluga（1994）将组织进行合作创新的动机总结为四点：获取前沿性技术及技术信息、提高组织对于前沿技术的预见性、解决组织内部难题、降低研发成本与风险。Cyert & Goodman（1997）认为产学研合作实际上为企业提供了良好的学习机会，与大学的合作交流对于提升企业的战略思想、知识储备、组织文化和解决问题的能力等具有极其重要的意义。Mowery（1998）认为企业合作动机包括降低交易成本、获得知识溢出效益、赢得研发规模经济收益和降低研发成本。Veugelers & Cassiman（2005）认为，产学研合作的动机主要来源于企业和大学之间的知识和能力“异质性”、节省交易费用、独占知识技术等三方面。Eom & Lee（2010）基于对韩国企业的调研发现，企业产学研合作的主要动机是分担成本和风险并由此获取更大的收益。国内研究方面，王昕红等（2007）根据对国有大型企业国家企业技术中心的调研发现，企业开展产学研合作的动机有三个方面：一是企业将学研机构视为企业技术和产品创新的理论源头，二是企业将学研机构视为企业技术创新的重要人才来源，三是企业将与学研机构合作视为企业提高组织、观念和技术核心竞争力的重要手段。上述研究全面揭示了企业参与产学研合作的动机。

概括现有研究并结合对海洋生物医药领域实践的调研，企业开展产学研合作，进行合作研发的主要动机有五个方面，即获取资源、降低成本、培养能力（组织学习）、取得成果、获得竞争优势。基于资源观视角，企业可由产学研合作中获取知识资源、教育资源、设备资源、人力资源和技术资源等多种资源，有效解决企业相关资源匮乏问题。从交易成本视角看，企业参与产学研合作研发可获取低成本研发途径，并降低技术创新过程中的风险和由此产生的超额费用。从组织学习视角看，企业通过参与产学研合作研发可提升企业在研发创新方面的科技攻关及研发组织等各项能力，进而提高自身发展水平。从成果获取视角看，企业可通过产学研合作获得专利及非专利技术，以及开发出的新药成果等。从综合的视角看，企业通过获取资源、降低成本、提升能力、获得科技成果等，可以进一步支撑其在市场中获得竞争优势，取得更高的经济效益。

5.1.4 创新绩效的内涵

合作研发的创新绩效是指在研发目标指引下，由合作研发过程所产生的具有创新性的物质与非物质成果。对合作研发创新绩效的测量是合作研发相关研究的核心问题之一。对合作创新绩效的测量或评价通常有两种基本思路。一是以量化的客观指标来衡量。这类指标通过数据直接测量合作研发绩效，主要包括合作研发的专利产出，投入市场的新产品、新工艺，发表的论文等的数量（Santoro，2000；Zahra & George，2002；张秀峰等，2019）。二是由于合作科研的形式和目的多元，且其产出未必具体并可量化，因此不使用量化指标来衡量，而是以合作科研参与方对合作研发绩效的主观认知作为测量结果。如 Bonaccorsi & Piccaluga（1994）通过对比企业对产学研合作的期望与实际成果来评价其绩效；Moravalentin et al.（2004）基于企业对产学研合作的满意度及关系持续性建立测量量表来评价合作绩效。但是，无论是基于客观数量指标还是基于合作方主观认知做评价都存在问题：使用客观数量指标评价的问题在于其评价指标往往涉及企业的商业机密，而企业并不愿意透露准确的具体信息；使用主观指标评价则仅依赖测量满意度或认可程度等的测量量表，基于主观认识而缺乏其他产出数据，有失客观全面。

鉴于此，一些研究者提出了基于主观评价和客观数据相结合的评价指标体系，从不同维度、不同过程和环节对产学研合作绩效进行全面分析和测量（Simon，2008；邓颖翔和朱桂龙，2009；金芙蓉和罗守贵，2009；霍妍，2009）。其中 Simon（2008）将合作绩效分成知识的分享与创造、合作的附加价值两个方面，并按影响领域分为技术、合作项目管理和社会三个维度形成交叉分组，从而形成六个包含若干题项的模块对产学研合作绩效进行综合评价。霍妍（2009）通过把产学研合作划分为投入、过程、产出 3 个环节提炼评价指标，构建了一套包含三个层次共 42 个评价指标的指标体系，这类指标体系的特点是复杂而全面。

5.2 模型构建与假设提出

5.2.1 理论模型构建

本节在前述对构念内涵进行探析的基础上，基于经典的“动机-行为-绩效”框架，挖掘核心构念的相互联系，找出其作用关系，构建基本的理论模型框架，为后文的实证分析奠定逻辑基础。鉴于海洋生物医药合作研发活动的项目化特征，本研究以合作研发项目为研究着眼点和基本测量单位，基于前述构念研究影响产学研合作创新绩效的组织行为因素及其影响机理。

为兼顾表述的准确和简明，后文中将“合作研发的创新绩效”简称为“合作创新绩效”或“创新绩效”，将“合作研发管理质量”简称为“合作管理质量”或“管理质量”，将“合作研发资源投入水平”简称为“合作投入水平”或“投入水平”，将“合作研发动机强度”简称为“合作研发动机”

或“合作动机”，将“合作方信任水平”简称为“合作信任”或“信任水平”，并分为“善意信任”与“能力信任”两类。

针对合作研发问题，需要对基础的“动机-行为-绩效”理论框架做两个方面的拓展：一是如何将“信任”纳入模型框架中并阐释其与其他三个因素间的关系。二是如何将组织行为因素纳入该模型框架中。这是理论模型构建的核心问题。“动机-行为-绩效”理论框架中，前置因素是后置因素的因，即动机是行为和绩效的因，行为是绩效的因。如果将信任因素纳入这一框架，则因果关系变得复杂。一方面，根据前文对合作研发信任关系内涵的分析可知，理论文献普遍认为信任有助于降低不确定性和机会主义行为带来的风险以及整体交易成本，因此是合作建立和有效运行的重要基础（Nooteboom，2002；Bergh et al.，2011；周广肃等，2015)，据此应当将信任作为“动机-行为-绩效”理论框架的前置因素；但另一方面，在合作创新过程中，行为主体之间也会通过有成效的合作巩固或加深信任水平，即有动机、行为、绩效等因素对信任产生影响的多重因果关系。如此来看，信任应当是该模型框架的后置因素或是中介因素。事实上，在有关研究文献中（彭泗清，1999；赵文红等，2008)，各因素对信任的影响关系也得到了分析和确认。综上，由于现实的复杂性和行为的博弈互动性，本模型中信任与其他构念之间的关系应当是复杂的、双向的、动态的。

本研究采用结构方程模型对单时点的采样数据对理论命题的影响进行研究。本次调查所辨析和测量的“信任”，是一般性的静态的信任水平，因而更适合作为研发合作的前置因素进行分析。此外，一般认为结构方程模型所能分析的变量间关系是相关关系而非因果关系，变量间因果关系的赋予由逻辑分析或理论分析先验地完成。考虑到上述方法、数据的特点及研究可行性，后文着重从理论上分析信任对其他因素的单向影响，并在此基础上提出研究假设。由于信任是整个合作过程的基础，因此其对合作进程中的动机、行为、绩效等因素均有影响。基于上述分析，本研究将“动机-行为-绩效”理论框架拓展为图 5 - 1 的形式：

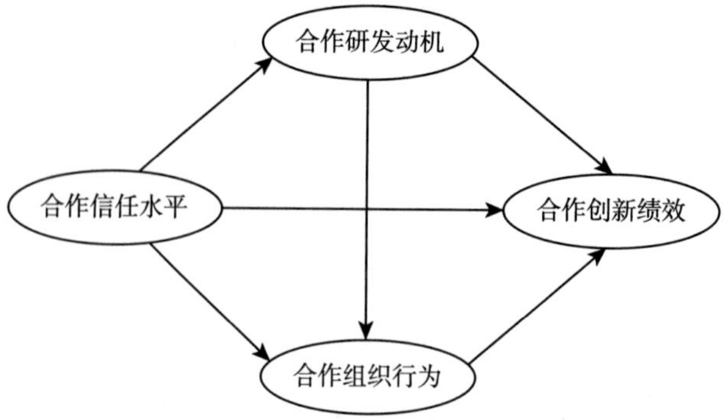

图 5 - 1　基于“信任-动机-行为-绩效”的理论模型

此外，根据前文的分析，合作研发项目中的合作行为包括资源投入行为与合作管理行为，并就合作管理行为提出了“合作管理质量”这一概念，作为对合作管理行为的提炼与概括。同时，在合作信任水平的辨析中也引入“能力信任”与“善意信任”等两类信任。将这些因素一起纳入“信任-动机-行为-绩效”的理论模型，可将该模型进一步拓展为如图 5 - 2 所示的形式：

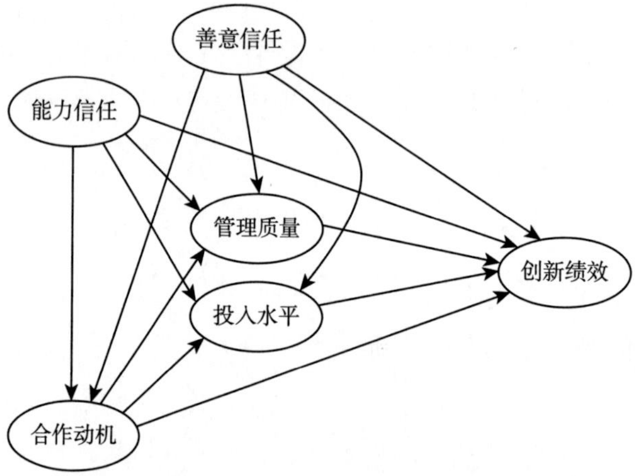

图 5 - 2　拓展的“信任-动机-行为-绩效”的理论模型

在图 5－2 所示的理论模型中，“合作创新绩效”是内生变量，也是唯一的被解释变量，善意信任、能力信任、合作管理质量、资源投入水平、合作研发动机等均为解释变量，其中善意信任与能力信任均为外生变量，合作管理质量、资源投入水平与合作研发动机为内生变量，同时也是中介变量。所有的变量值均由问卷测量并经因子分析得到。基于该模型，本研究重点研究“合作研发管理质量”“合作资源投入水平”这两个合作研发过程中的关键行为因素对“合作创新绩效”的影响，同时也讨论“合作信任”“合作研发动机”与前述两个变量的关系。

具体的主要问题包括三项：一是“信任”对“动机”“行为”“绩效”的影响关系，即不同类型的信任关系是否强化或提升了研发动机、合作管理质量、资源投入水平以及合作创新绩效。二是“动机”对“行为”“绩效”的影响关系，即不同类型的企业合作研发动机是否促进了合作研发管理质量及资源投入水平的提升，以及不同类型的企业合作研发动机是否直接促进了合作创新绩效的提升。三是“行为-绩效”之间的关系，即资源投入水平、合作研发管理质量以及其细分的不同维度的管理质量（见后文详述）等对合作创新绩效的影响关系。需要探析的变量间的直接影响路径共 13 条，由外生变量出发的复合路径共 12 条。

概括来看，本研究基于“信任-动机-行为-绩效”框架构建的组织行为因素对合作创新绩效的影响机理模型，反映了不同类型的“合作信任水平”“合作研发动机”“合作组织行为”以及“合作创新绩效”之间的多层级复杂影响关系，本研究将在全面分析上述关系的基础上，着重研究“合作研发管理质量”及其分解的各维度管理要素对“合作创新绩效”的影响机理，并据此设计测量题项。

5.2.2 信任的影响关系

在本研究的理论模型中，信任是“动机-行为-绩效”的逻辑基础或前置因素，同时，信任本身也是直接影响企业合作创新绩效的重要因素（王永贵和刘菲，2019；阮鸿鹏等，2022）。本部分在讨论信任对“动机”和“绩效”影响的基础上，着重分析其对合作管理、资源投入等行为因素的影响。

（1）信任对合作动机的影响

海洋生物医药创新研发活动复杂性高、不确定性强、风险大、合作双方之间信息不对称程度很高，对双方之间的信任水平要求很高。本研究采用的信任概念分为善意信任和能力信任，两种类型的信任对企业合作创新动机的影响机制和方向具有一致性。善意信任水平高，一方面表明合作伙伴本身具有良好的职业操守和商业信誉，不会采取隐瞒欺诈等机会主义行为，另一方面也会降低自身采取机会主义行为的动机并进而通过合作方之间的信任互动影响对方，降低对方采取机会主义行为的动机。与之类似，能力信任水平高，一方面表明合作伙伴具有较高的专业水准和研发能力，降低其采取造假卸责等机会主义行为的动机，另一方面，在保证激励相容的合作合约的激励和约束下，对合作方高水平的能力信任也会降低自身采取机会主义行为的动机。因此，善意信任和能力信任均能降低合作方之间非信任机会主义行为发生概率，保障研发合作的正常开展，从而从期望意义上为企业合作创新降低交易成本。同时，能力信任与善意信任还可通过隐含的激励奖惩方式稳固企业间交易关系，为企业合作创新建立稳固的基础（Lewicki et al.，2006；Sankowska & Paliszkiewicz，2016；Ouakouak & Ouedraogo，2019）。

在上述机制作用下，善意信任和能力信任可提升对合作伙伴的期待，孕育了合作动机的产生。更进一步，企业创新动机内生于企业的发展动力，在期望的合作研发的机会主义行为降低、交易成本和风险降低、合作伙伴间交易关系可更稳定的前提下，创新动机可以得到有效的支撑和提升。综上，提出如下命题：

H1a：企业对合作伙伴的善意信任水平正向影响企业合作研发动机。

H1b：企业对合作伙伴的能力信任水平正向影响企业合作研发动机。

（2）信任对行为因素的影响

善意信任和能力信任会影响合作研发项目的管理质量与资源投入水平，但两种类型的信任其影响的机制具有差异性。

首先分析善意信任对行为因素的影响机制。如前所述，善意信任可带来低交易成本与稳定的合作关系，这可以降低不确定性所造成的后顾之忧，可认为其是有效开展合作的保障性因素。这一方面使得开展合作管理行为的阻碍降低，从整体上促进各项管理工作的顺利开展，进而可促使合作管理质量的提升（Lee，2014；Qinzhen & Lianying，2018）；另一方面，由于合作研发项目的资源投入往往具有专用性和不可逆性，一旦发生即成为沉没成本，在机会主义行为概率大、交易关系不稳定的环境下，资源投入行为会被阻碍。而善意信任所带来的稳定的合作关系与低交易成本，减少资源投入行为阻碍，提升了资源投入水平。

其次分析能力信任对行为因素的影响机制。能力信任水平高有两个方面的影响。一方面，能力信任水平高表明对合作伙伴的创新研发能力有更高的认可水平，这会提升对合作创新研发成功概率的预期，降低对研发中风险与不确定性的担忧，由此可允许企业采用更具进取性的行为（Chen & Zhu，2013）；另一方面，在预期符合实际的前提下，能力信任水平高也表明合作伙伴参与项目研发创新的管理能力和技术能力更强，能实质性促进各项具体项目管理工作的开展，由此可提升对所付出的各方面努力取得更大成效的预期（Ha et al.，2011）。反之，则意味着该参与方对其他合作伙伴的工作能力有所怀疑，故而会产生决策得不到执行或隐藏重要信息的隐患（Oxley & Sampson，2004）。基于这一分析，可认为能力信任是有效开展合作的激励性因素，更高的能力信任水平可提升合作管理质量与资源投入水平。

比较来看，善意信任主要起到降低合作不确定性与交易成本等阻碍的作用，而能力信任则能起到对项目管理工作和资源投入的实质性促进作用。因此，从其内涵逻辑来看，能力信任能起到更大的促进作用。综上所述，提出如下命题：

H2a：企业对合作伙伴的善意信任水平正向影响资源投入水平。

H2b：企业对合作伙伴的能力信任水平正向影响资源投入水平。

H2c：能力信任比善意信任更能促进资源投入水平的提升。

H3a：企业对合作伙伴的善意信任水平正向影响合作管理质量。

H3b：企业对合作伙伴的能力信任水平正向影响合作管理质量。

H3c：能力信任比善意信任更能促进合作管理质量的提升。

(3) 信任对创新绩效的影响

善意信任和能力信任会直接影响合作研发项目的创新绩效，两种类型的信任对企业合作创新绩效的影响机制与方向完全不同。

首先分析善意信任的影响机制。善意信任的基本影响机制是可降低各合作方的机会主义行为，稳定合作方之间的交易关系，从而降低预期的合作交易成本，进而促进合作研发工作本身的实质性开展，使项目团队合作更加稳定有效，从而提升合作创新绩效（Lawler，1992）。但是，对合作伙伴较高水平的信任，也会造成关系依赖以及与其相关的机会主义行为发生。一方面，对合作方的更高水平的信任，可能会导致对自身努力成效的评价降低，或者将获得研发成果的期待置于合作方而非自身，产生卸责行为；另一方面，由于合作中普遍存在的信息不对称，一方无法对合作方的工作努力进行有效评价，获得高信任水平的一方会无法获得有效的反馈和激励，合作研发工作的努力程度可能会下降。这两个方面的影响都会导致合作研发工作中的懈怠和依赖（Li et al.，2021），并抵消其对合作成效的正面作用，从而从整体上降低合作成效。信任的这种负面作用在有关合作研究中也得到了广泛例证（Molina-Morales，2011；Villena et al.，2019）。

其次分析能力信任的影响机制。能力信任通过两种方式影响合作成效。一方面，与善意信任类似，合作伙伴之间较高的能力信任水平可通过降低交易成本、稳定合作伙伴间交易关系等方式促进合作研发工作的实质性开展，提升实际研发工作的努力程度，从而提升合作创新绩效；另一方面，在合理预期下较高的能力信任水平表明合作伙伴具有较高的专业水平和实质性研发能力，这使得对于同样的研发努力程度可获得更高的创新成效。上述影响机制均表明，更高的能力信任水平会带来更高的合作创新成效。综上所述，提出如下命题：

H4a：企业对合作伙伴的善意信任负向影响企业合作创新绩效。

H4b：企业对合作伙伴的能力信任正向影响企业合作创新绩效。

5.2.3 动机的影响关系

动机与行为之间存在着密切的联系。从其内涵逻辑来看，动机是人们产生行为的内在力量，是激励行为产生的主观原因，可以认为动机是个体的内在过程和直接动力，而行为是这种内在过程的结果和外在表现（霍斯顿，1990；张德，2011）。对市场中的企业而言，企业家自我实现的需要和市场经济中企业赢利的需要，会激励企业形成合作创新的动机，并由此激励着向创新目标努力行为的产生。就海洋生物医药合作研发项目而言，企业在降低成本、获取资源、培养人才、获取创新成果、获得竞争优势等方面的合作研发动机，会对实际研发工作、合作管理与资源投入等合作行为及合作创新绩效等三个方面产生影响。

第一，更强的合作动机，尤其是在培养人才、获取创新成果、获得竞争优势等方面的动机，会激励企业及合作方在实际研发工作中端正态度，投入更大的工作努力，提高研发工作质量与效率，从而对创新绩效产生直接而正向的影响。第二，更强的合作动机，尤其是获取合作方资源、获取创新成果、获得竞争优势等方面的动机，会激励合作方投入更多的人、财、物资源，以保障创新研发项目的有效开展。第三，更强的合作动机，既会激励合作方对所投入资源进行更有效的管理和运用，也会激励合作方对所开展的具体创新研发工作施行更有效的计划、组织、协调、控制、沟通等管理工作，由此保障研发工作的顺利进展，这会带来合作管理质量的提高。基于以上分析，本研究提出以下命题：

H5a：企业合作研发动机强会促使合作研发投入水平提高。

H5b：企业合作研发动机强会促使合作研发管理质量提高。

H5c：企业合作研发动机强会促使合作研发创新绩效提高。

5.2.4 行为的影响关系

根据前文界定，本研究所讨论的行为因素包括两个方面，一是合作研发过程中的资源投入行为，二是合作研发过程中的组织管理行为。

资源投入行为对合作创新绩效的影响关系比较直接明确。作为一项生产性活动，海洋生物医药合作研发项目将所投入的人、财、物、智转化为产出，因此各类资源投入的水平正向影响了合作创新绩效。

合作研发过程中的组织管理行为对创新绩效的影响关系更为复杂。如前所述，从项目管理理论的视角来看，合作研发项目包含两个类型的项目过程，一是项目的实现过程，即项目团队为实现创新标的物而开展的各种具体科学研究活动所构成的过程。二是项目的管理过程，即在项目实现过程中，项目团队所开展的计划、决策、组织、协调、沟通、激励和控制等各方面的管理活动所构成的过程。就研发创新项目而言，所开展的科学研究活动本身的数量和质量固然是决定项目创新成效的关键因素，但由管理活动所构成的管理过程同样起着关键作用。这是由于在整个合作研发项目的进程中，项目管理过程和项目实现过程从时间上是相互交叉和重叠的，从作用上是相互制约和相互影响的（Kerzner，2018）。

举例而言，从逻辑上来看，如果对项目产出物界定不清楚，则难以准确定义项目工作范围，进而无法有效开展项目的范围管理，也因此无法开展项目的分工合作及实现活动。再例如，如果项目进度计划没有做良好的安排，则会给实际科研工作的开展带来混乱无序。组成项目管理过程的各个方面分工合作、互为补充、互相促进，共同推动合作研发项目创新绩效的达成。其他如人力管理、时间管理、成本管理、沟通管理、风险管理等，都有利于项目研发工作的顺利有效开展。不过，根据项目管理的三角形法则（Kerzner，2018），研发项目管理中范围、时间、成本三个因素之间存在着此消彼长的相互影响关系，对于项目时间与成本的严格管理，可能也会对研发项目的工作内容和产出质量具有一定的限制性，尤其是成本管理对创新绩效的负面影响更大，可能会超出其正面作用。因此，本研究认为从整体上来看，合作研发项目的管理质量提高会促使合作创新绩效的提升。但就单个项目管理要素而言，成本管理的提升会导致项目创新绩效的下降，而其他项目管理要素的提升会提升合作研发项目的创新绩效。

更进一步，结合前文的分析，资源投入水平与合作管理质量一方面受合作动机强度和信任水平的影响，另一方面也对合作创新绩效产生影响，因此这两个因素均在两者间起中介作用。根据以上分析，本研究提出以下假设：

H6：合作研发投入水平提高会提升合作创新绩效。

H7：合作研发管理质量提高会提升合作创新绩效。

H7a～H7f：合作研发管理中的范围管理、沟通管理、人力管理、风险管理、质量管理、时间管理等六个方面的管理质量提高均会提升合作创新绩效。

H7g：合作研发管理中的成本管理质量提高会降低合作创新绩效。

H8a：合作研发投入水平在合作研发动机与合作创新绩效之间起中介

作用。

H8b：合作研发投入水平在善意信任与合作创新绩效之间起中介作用。

H8c：合作研发投入水平在能力信任与合作创新绩效之间起中介作用。

H9a：合作研发管理质量在合作研发动机与合作创新绩效之间起中介作用。

H9b：合作研发管理质量在善意信任与合作创新绩效之间起中介作用。

H9c：合作研发管理质量在能力信任与合作创新绩效之间起中介作用。

5.3 变量的测度

5.3.1 信任水平的测度

从当前文献来看，对善意信任和能力信任的测度，已经有较为成熟完善的量表。本研究在前述相关研究的基础上，结合海洋生物医药合作研发这一背景进行了量表题项的修改和精炼。从企业视角出发，分别采用三个题项测度其对合作伙伴的善意信任程度和能力信任程度（表 5 - 1）。

表 5 - 1　企业对合作方信任的测量题项

	对合作方的信任水平
善意信任	我们认为合作伙伴是坦率的
	我们认为合作伙伴对项目有使命感
	我们认为合作伙伴是可靠的
能力信任	我们对项目合作伙伴的专业技术有信心
	我们认为合作伙伴总是能够提供有益的建议
	我们认为合作伙伴能够创造有价值的产品
	我们认为合作伙伴对所研发事项专业知识丰富

5.3.2 合作动机的测度

一般而言，对动机的测量包括强度、方向和持续性三个维度（罗宾斯和贾奇，2021）。考虑到企业均为持续性经营，其目标具有长期性，而合作研发项目的持续时间较短，占企业持续经营期比重小，因此在以下基于项目视角的合作研发动机测度中，只考虑动机的强度和方向（类型）维度，不再考虑其持续性维度。动机测量的方向维度，按前述理论分析框架展开，即从获取资源、降低成本、组织学习（培养人才）、取得成果、竞争优势等五个方面测量。对动机强度维度的测量，则利用李克特量表的七级打分来体现。需要说明的是，从合作研发项目层面而言，组织学习更具体地体现为对研发人才的吸引、集聚及培养。因此，本研究以更具针对性的人才培养题项体现组织学习动机（表 5－2）。

表 5－2　企业合作研发动机的测量题项

企业合作研发动机
降低企业研发成本
获取高校及科研院所先进的科技资源和信息
培养企业创新人才
获得高校及科研机构专利技术或专有知识
提升企业竞争力

5.3.3　投入水平的测度

合作研发项目的资源投入行为与通常的各类项目基本一致，其内涵和外延比较明确，通常包括人力、物力和财力等三个方面。此外，由于合作研发项目的复杂性以及普遍存在的合作协议的不完备性，为保证合作的顺利开展，合作方还需要为难以事先明确的一次性、临时性、随机性的事项提供资源，这可能包括项目之外人、财、物的临时性使用，某些工作流程的特殊处理，以及一些临时性事项的许可审批等。综上，本研究以如下题项测量合作资源投入水平（表 5－3）。

表 5-3 企业合作资源投入水平的测量题项

合作资源投入水平
合作项目的人力投入是充分的
合作项目的物资投入是充分的
合作项目的资金投入是充分的
各合作方为项目开展提供了充分的便利性

5.3.4 管理质量的测度

如第二章理论基础所述，项目管理涉及 10 大知识领域，即项目整合管理、项目范围管理、项目时间管理、项目成本管理、项目质量管理、项目（人力）资源管理、项目沟通管理、项目风险管理、项目采购管理、项目相关方管理（PMI，2018）。就合作研发项目而言，其采购工作较为简单，主要包括试验器材和耗材的购买，且这些采购工作往往归入科研机构的日常统一采购管理中，相对而言这部分管理工作对合作研发项目较不重要。就单个合作研发项目而言，其项目干系人比较少，项目相关方管理也较为简单。此外，合作研发项目的综合管理（项目整合管理）往往由科研机构的学术带头人负责，不设管理团队，管理工作的形式较为灵活，其管理工作具体体现在其他职能领域内。考虑到合作科研项目一般有明确的工作内容和时间范围，具有鲜明的项目特点，本研究从项目管理知识体系 PMBOK 这一概念框架出发，对合作科研项目的“合作管理质量”进行测度。本研究遵循“抓大放小”的精要原则，不考虑整合管理、相关方管理和采购管理等，而是从范围管理、时间管理、成本管理、质量管理、人力管理、沟通管理、风险管理等七个职能领域出发对合作研发项目的管理质量进行测度。

管理的基本手段是明确目标、制定计划，并在工作进程中进行控制以符合计划并达成目标。对管理行为的关键评价标准是目标与计划的明确合理性，以及控制的有效性。结合项目管理各职能领域工作的主要内容及特点，本研究主要以“明确、合理、有效”为核心标准设置 3～4 个题项，分别对各领域项目管理工作质量进行评价，题项的提出和确定经过与专业研发项目管理人员的交流和审定。所谓“明确、合理、有效”并无严格标准，而是根据答卷人员对实际工作的主观认定进行评价。沟通管理难以设定目标、制定计划并进行控制，本研究以实际开展的沟通行为的频次、内容和分歧解决等作为沟通管理质量评价的标准（表 5－4）。

表 5－4　合作研发管理质量测量题项

合作项目管理质量	
范围管理	合作项目有明确的目标
	合作项目有明确的契约关系
	合作项目有明确的工作内容界定
	各方的工作内容分工明确
沟通管理	合作进程中双方经常就研究的问题进行交流
	合作方互相分享项目相关的经验和技术
	合作方有意见分歧时通过协商得到解决
人力管理	合作项目团队成员职责明确
	合作项目团队成员分工合理
	合作项目团队成员能够胜任工作
	合作项目团队成员之间配合得当
时间管理	合作项目有明确的时间安排
	各项工作有明确的时间安排
	合作项目时间安排合理
	各合作方能够按时间安排开展工作
成本管理	合作项目有明确的成本预算
	各主要工作有明确的成本预算
	合作项目成本预算合理
	项目工作能够按成本预算开展

（续）

合作项目管理质量	
风险管理	合作项目有明确合理的风险评估计划
	合作双方设立了合理的工具或采用了合理的方式识别项目风险
	合作双方设立了合理的风险应对策略
	合作项目的知识产权受到保护且权属清晰
质量管理	合作项目设立了合理的质量管理计划
	合作项目采用了合理的质量保证及质量控制手段，设立了合理的管理程序
	合作项目工作绩效评价信息合理
	合作项目的项目文件完整，可交付成果符合项目范围控制要求

5.3.5 创新绩效的测度

本研究针对合作研发项目进行绩效测度，难以直接运用已有的测量量表或指标体系测量绩效。这是因为单个合作科研项目具有微观、明确、具体的特性，难以测度多维度、多层次、抽象化的价值，且这些抽象泛化价值与作为本研究核心的合作研发管理行为的直接联系不大。此外，由于合作研发项目种类、规模差异较大，也难以通过具体的量化指标测度绩效。综合考虑，在借鉴上述已有文献做法基础上，本研究选择针对合作研发关键目标的若干主观评价题项，作为对合作科研项目创新绩效的测量。具体题项见表 5－5。

表 5－5　合作研发项目创新绩效测量题项

合作创新绩效
合作研发项目增加了企业新申请专利的数量
合作研发项目开发出数量较多的新产品（新工艺）
通过研发合作，企业吸收了新的技术知识
通过研发合作，企业创新人才得到了培养提升
合作提升了企业创新研发的组织管理能力

5.4 问卷与数据

5.4.1 调查问卷的形成

本研究从对构念内涵的分析出发，通过原创性设计和修订已有的成熟量表的方式形成测量问卷。为保证题项符合实际且便于理解，并由此增强题项的信度与效度，邀请了五位参与过海洋生物医药合作研发的经验丰富的管理者与研究者，对所有量表题项进行审阅，通过反复交流修改以确保题项的严谨性、可读性、准确性与一致性，并由此确保问卷具有良好的内容效度。由于部分量表来自英文文献，本研究采用双向回译方法来保证测量题项的含义准确（Blanch & Aluja，2014）。采用的做法是，先将有关题项进行英译汉，然后邀请相关领域高水平专家将其译回英文，比较此英文版本与英文原文并对语言表述差异大的题项进行措辞修改，以减少翻译带来的语义偏差。

通过上述过程制定的调查问卷包括六个部分：

首先是封面信，介绍了调查目的及有关情况，帮助受调查者充分理解本次调研的意义，同时承诺受访者本次调查所收集的信息匿名且保密，以鼓励受访者真实地表达其意见（Dillman & Tarnai，2011）。

第一、二部分主要询问被调查者所在企业的基本信息以及所参与的海洋生物医药合作研发项目的信息。

第三、四、五部分是问卷的主体部分，主要是关于合作研发项目的合作方信任、合作动机、合作管理质量、资源投入水平、合作创新绩效等构念的测量题项。遵循量表设计的一般规范，为每个构念设计了包含 3～5 个题项的量表（Bagozzi & Baumgartner，1994）。为保证测量题项的准确度和敏感度，本研究采用李克特（Likert）七级量表，被调查者根据从事海洋生物医药合作研发项目的实践经验，自主判断测量题项的描述与实际情况的符合程度，从“1（非常不符合）”到“7（非常符合）”中选择最能代表自身态度或认知的分值。

5.4.2 问卷发放与回收

完成调研问卷设计并经修订完善后，正式发放调研问卷。海洋生物医药是一个新兴的领域，当前涉足该领域的企业较少。为全面获得企业与学研机构开展新药研发的项目层面信息，提高调查问卷的响应率，本研究在做问卷调研时，结合了中国海洋大学管华诗院士主持的中国工程院战略咨询项目“海洋生物医药科技创新发展战略研究”的实施，作为其咨询项目调研的一部分。同时争取咨询项目主管机构的帮助，获取了有关山东省参与海洋生物医药生产研发的企业名录和部分科研项目信息。由于该战略咨询项目权威性高，其主要执行机构——青岛市海洋生物医药研究院知名度高且与业内联系广泛，调研得到有关企业的大力支持，在提供调研问卷信息时，回馈率和完整性都很高。本次调研抽样主要基于从主管机构获得的企业名录及获得资助的海洋生物医药领域的研发项目信息，同时还根据调研中获得的信息进一步扩大了样本范围。从抽样理论角度而言，属于非概率抽样中的重点抽样与便利抽样的结合。本次调研中，山东省从事海洋生物医药研发的各类企业和各类研发项目均被抽样所覆盖，另涉及了辽宁、江苏、浙江、福建、广东等沿海省份开展海洋生物医药业务的部分企业，具有良好代表性。

针对每个研发项目，本研究选择一位调查者填写问卷，每个企业所开展的研发项目数为1～3个。在被调查者选择方面，从本研究的研究目的出发，具有海洋生物医药合作研发项目的从业经验且对合作过程、合作关系和各合作方有较好了解的人员是理想的调研对象，这类人员一般是企业从事合作研发的项目经理、项目协调人、研发骨干、部门经理等。为确保合作研发项目调研信息的准确完整性，在选择受访者时，本研究采用以下条件进行筛选：

一是受访人员须是具体参与合作研发项目的研发人员或管理人员，二是具有两年以上的海洋生物医药行业从业经验，且至少完整经历过一个合作研发项目。

具体调研及问卷收集过程如下。2022 年 5—8 月，以电子问卷或纸质问卷的形式向所有对象共计发放 400 份调查问卷，其中 150 份调查问卷通过参加或举办有关专业会议、赴企业调研走访等形式收集，250 份通过电子问卷的形式发放回收。对于反馈不及时、不完整或调研人员存疑的问卷，课题组会通过电话沟通的方式进行督促或解释。经过上述过程，共收到 328 份回复，去除不完整、回答明显有误等不符合要求的问卷后，共计获得 262 份问卷，有效回复率为 65.5%。为检验未填答问卷和有效填答问卷之间可能存在的非回应偏差问题，借鉴 Zhang et al.（2016）的做法，比较了早期和晚期收到问卷的主要变量的均值大小，T 检验的结果均不显著（$P>0.10$），表明基本不存在非响应偏差（Armstrong & Overton，1977）。

5.4.3 样本统计特征

表 5－6 给出了本调研的企业样本特征。由表中可以发现，民营企业占比达 81.3%，是从事海洋生物医药研发创新的主要力量。国有性质企业和三资企业分别占 14.4%和 4.3%。从主营业务领域来看，医药企业占比最大，为 43.3%，另有近六成企业为从事食品、医疗、化妆品及其他行业的企业，这显示了从事海洋生物医药新产品研发的企业来源多样性。从企业及其研发规模来看，大中型企业占比达 70%以上[①]，近四成企业研发人员大于 50 人，近六成企业研发投入超过 5 000 万元，近七成企业为国家认定的高新

① 根据《国家统计局统计上大中小微型企业划分标准》，企业员工人数大于 300 人或营业收入大于 2 000 万元的为中型企业。

技术企业，这表明从事海洋生物医药研发需要一定的企业规模和科技实力支持。

表 5-6 企业基本情况统计（N=187）

企业性质					
国有独资	7，3.7%	国有控股	20，10.7%	民营企业	152，81.3%
三资企业	8，4.3%				
主营业务					
医药	81，43.3%	食品	55，29.4%	医疗器械	20，10.7%
化妆品	0，0	其他	31，16.6%		
员工人数					
＜300 人	104，55.6%	301～1 000 人	36，19.3%	＞1 000 人	47，25.1%
营业收入					
＜2 000 万	50，26.7%	2 000 万至 4 亿元	75，40.1%	＞4 亿元	62，33.2%
研发人员数					
＜10 人	41，22.0%	10～50 人	76，40.6%	＞50 人	70，37.4%
研发资金投入					
＜100 万元	26，13.9%	100 万～1 000 万元	75，40.1%	＞1 000 万元	86，46.0%
是否高新技术企业					
是	127，67.9%	不是	60，32.1%		

注：数据表示为企业数量（单位为家），比例。下表与此相同。

表 5-7 给出了本次调研研发项目的统计情况。可以看到，合作研发项目中基础研究与新产品或新工艺开发类型的研究合计占比为 60%，产品改进及市场引入型的研究占比约 20%，这表明整体而言研究的创新性较强。从研发投入来看，80%以上的项目资金投入在 50 万元以上，其中 100 万元以上的占比超 60%，80%以上的项目研发人员数量大于 5 人，大于 20 人的项目占 22.5%。从项目持续期来看，75%的项目持续期在 1 年以上，其中有 26%的项目持续期大于 3 年。总的来看，海洋生物医药合作研发项目具有持续期长、资金投入大、研究人员投入多的特点。项目合作方式方面，近七成为委托开发和共同开发。

表 5-7　研发项目基本情况统计（N=262）

研究性质					
基础研究	16，6.1%	新产品或新工艺开发	141，53.8%	改进原产品或工艺	36，13.7%
产品引入	16，6.1%	综合性	53，20.2%		
项目研发人员数量					
<5 人	44，16.8%	5～20 人	159，60.7%	20～50 人	39，14.9%
>50 人	20，7.6%				
项目资金投入					
<10 万元	14，5.3%	10 万～50 万元	35，13.4%	50 万～100 万元	53，20.2%
>100 万元	160，61.1%				
项目持续期					
<6 个月	22，8.4%	6～12 个月	44，16.8%	1～3 年	128，48.9%
>3 年	68，26%				
合作单位数量					
2 家	175，66.8%	3 家	42，16%	4 家及以上	45，17.2%
项目合作方式					
技术转让	22，8.4%	委托开发	56，21.4%	共同开发	117，44.7%
战略合作	19，7.3%	其他	48，18.3%		
知识产权归属					
共同拥有	92，35.1%	企业拥有	114，43.5%	许可使用	17，6.5%
转让拥有	15，5.7%	其他	24，9.2%		
合作开发的权益比例					
0～25%	27，10.3%	26%～50%	81，30.9%	51%～75%	84，32.1%
76%～100%	70，26.7%				

5.4.4　数据分析技术

为了建立模型对前述研究所提出命题进行建模分析和验证，基于实证研究范式，选择结构方程模型（Structural equation modeling，SEM）方法研究构念之间的复杂联系。结构方程模型是多元统计分析的核心方法，尤其是广义结构方程模型已将各种显变量模型、潜变量模型都整合到其分析框架之下，常用的统计方法如多元线性回归、主成分分析、因子分析、路径分析等，都可认为是结构方程模型在不同条件下的特例（阳义南，2021）。结构方程模型搭建了一个将这些方法整合在一起，实现不同模型之间灵活对接的综合运用平台。

结构方程模型基于全局思维探索变量之间的复杂结构关系，并使用完全信息估计方法，是一种“大而全”的定量研究方法（Bollen & Long，1993）。邱皓政和林碧芳（2012）指出，结构方程模型处理的是模型整体比较，技术优势在于整体层次，而非个体或微观层次。

常用的广义结构方程分析软件包括 Stata、AMOS、Smart PLS 等，不同软件功能和适用情况略有差别。Stata 软件具有计算速度快、图形功能强大、数据管理功能强大、可编程等的基本特性，其结构方程（Sem）和广义结构方程（Gsem）分析模块的功能丰富完善，可以很好地满足本研究潜变量测量、因子分析、路径模型构建及分析等需要，因此本研究选择 Stata16.0 作为分析软件。

具体的统计分析过程包含三个步骤：

一是共同方法偏差检验。使用同一问卷对各潜变量进行测量可能会导致一定的系统误差存在，即共同方法偏差。本研究在进行调研问卷设计及发放时，通过改变题项位置、增加题项说明、督促被调查者从事实出发认真填写等方式尽可能避免共同方法偏差，但其仍可能存在，需要进行检验。

二是信效度分析及构念测量。对测量题项进行信度分析，用因子分析法对测量变量（Observable variable）进行测量，计算出相应的构念潜变量（Latent variable）值并做效度分析，判断测量变量是否能良好地反映所研究的构念。

三是进行路径模型分析和多元回归分析。本部分是本实证研究的核心部分，在构念测量的基础上进行路径模型分析，检验构念间理论关系，验证前述理论假设。进而通过多元回归方法，在控制有关因素的情况下，研究合作管理质量中成本管理、时间管理等各维度因素对合作创新绩效的影响。

5.5 检验与测量

5.5.1 共同方法偏差检验

共同方法偏差（Common method biases）指的是因为同样的数据来源或评分者、同样的测量环境、项目语境以及项目本身特征所造成的潜变量与测量变量之间人为的共变，这种人为的共变会对研究结果产生严重混淆并对结论有潜在误导，是一种系统误差（汤丹丹和温忠麟，2020）。共同方法偏差在采用问卷法的研究中广泛存在。为避免该种偏差对研究结果可能会产生的混淆和误导，本研究在事前通过采用不同问卷形式、利用多种途径发放问卷、以个人沟通指导的方式作答等多种方式来规避这种偏差，但其仍可能存在。

本研究通过检验相应的共同方法变异（Common method variance，CMV）来检测共同方法偏差给研究带来的影响。共同方法变异是指变量变动之间的共同性是由于采用了同种测量问卷，而不由于潜变量之间所存在的真实影响关系所导致的变异。检验共同方法变异是否存在及其影响大小的方法通常有两种：哈门氏单因子检验法和共同方法因子分析法（汤丹丹和温忠麟，2020）。本研究采用哈门氏单因子检验法对样本数据进行共同方法变异检验。

哈门氏单因子检验法的做法是，将结构模型中所涉及的全部变量测量题项做探索性因子分析（Exploratory factor analysis，EFA），如果因子分析结果中仅存在一个因子，或者存在一个对总方差解释度极大的因子，则表明样本数据存在共同方法偏差问题的可能性较大。利用 Stata16.0 软件对所有测量题项进行基于主成分分析法的因子提取，分析结果显示，8 个特征根大于 1 的因子共解释了总方差 83.4%的变异，其中最大的一个因子所解释的总方差小于51%。由此可知，本问卷的测量题项并不存单一因子情况，也不存在单一因子可解释大部分总方差的情况。因此本研究基本不存在共同方法偏差问题。

5.5.2 量表信度分析

信度（Reliability）指测量结果（数据）一致性或稳定性的程度（张虎和田茂峰，2007）。一致性主要反映的是测验内部题目之间的关系，考察测验的各个题目是否测量了相同的内容或特质。稳定性是指用一种测量工具（如同一份问卷）对同一群受试者进行不同时间上的重复测量结果间的可靠系数。如果问卷设计合理，重复测量的结果间应该高度相关。

由于本研究并没有进行多次重复测量，所以主要采用反映内部一致性的指标，即Cronbach's Alpha系数来测量数据的信度。这种方法将测量工具中任一条目结果同其他所有条目作比较，对量表内部一致性估计更为慎重。一般认为，分量表的Alpha系数均在0.7以上，且总量表的Cronbach's Alpha系数达到了0.8以上，则表明此量表的可靠性较高。由表的信度分析可知，各题项的Alpha系数均在0.7以上，分量表和总量表的Cronbach's Alpha系数均在0.8以上，表明量表一致性强，满足进一步分析要求（表5-8）。

表5-8 量表信度分析

<table>
<tr><th colspan="2">变量</th><th>题项编号</th><th>题项 Alpha</th><th>分量表信度系数</th><th>量表信度系数</th></tr>
<tr><td rowspan="7">合作信任水平</td><td rowspan="3">善意信任</td><td>trusta1</td><td>0.897 1</td><td rowspan="3">0.940 1</td><td rowspan="7">0.952 4</td></tr>
<tr><td>trusta2</td><td>0.910 3</td></tr>
<tr><td>trusta3</td><td>0.930 7</td></tr>
<tr><td rowspan="4">能力信任</td><td>trustc1</td><td>0.910 1</td><td rowspan="4">0.933 2</td></tr>
<tr><td>trustc2</td><td>0.926 5</td></tr>
<tr><td>trustc3</td><td>0.898 8</td></tr>
<tr><td>trustc4</td><td>0.916 2</td></tr>
</table>

（续）

<table>
<tr><th colspan="2">变量</th><th>题项编号</th><th>题项 Alpha</th><th>分量表信度系数</th><th>量表信度系数</th></tr>
<tr><td colspan="2" rowspan="5">合作研发动机</td><td>motivation1</td><td>0.830 0</td><td colspan="2" rowspan="5">0.839 3</td></tr>
<tr><td>motivation2</td><td>0.784 4</td></tr>
<tr><td>motivation3</td><td>0.774 4</td></tr>
<tr><td>motivation4</td><td>0.829 2</td></tr>
<tr><td>motivation5</td><td>0.809 5</td></tr>
<tr><td colspan="2" rowspan="4">合作投入水平</td><td>resource1</td><td>0.942 3</td><td colspan="2" rowspan="4">0.951 8</td></tr>
<tr><td>resource2</td><td>0.918 9</td></tr>
<tr><td>resource3</td><td>0.937 5</td></tr>
<tr><td>resource4</td><td>0.947 2</td></tr>
<tr><td rowspan="19">合作管理质量</td><td rowspan="4">范围管理</td><td>collams1</td><td>0.952 8</td><td rowspan="4">0.963 4</td><td rowspan="19">0.983 3</td></tr>
<tr><td>collams2</td><td>0.943 7</td></tr>
<tr><td>collams3</td><td>0.959 1</td></tr>
<tr><td>collams4</td><td>0.951 3</td></tr>
<tr><td rowspan="3">沟通管理</td><td>collamc1</td><td>0.745 5</td><td rowspan="3">0.817 3</td></tr>
<tr><td>collamc2</td><td>0.701 1</td></tr>
<tr><td>collamc3</td><td>0.734 7</td></tr>
<tr><td rowspan="4">人力管理</td><td>collamh1</td><td>0.942 1</td><td rowspan="4">0.960 1</td></tr>
<tr><td>collamh2</td><td>0.950 3</td></tr>
<tr><td>collamh3</td><td>0.940 4</td></tr>
<tr><td>collamh4</td><td>0.956 9</td></tr>
<tr><td rowspan="4">时间管理</td><td>collamt1</td><td>0.947 5</td><td rowspan="4">0.958 8</td></tr>
<tr><td>collamt2</td><td>0.933 6</td></tr>
<tr><td>collamt3</td><td>0.937 6</td></tr>
<tr><td>collamt4</td><td>0.964 4</td></tr>
<tr><td rowspan="4">成本管理</td><td>collamcs1</td><td>0.934 5</td><td rowspan="4">0.950 7</td></tr>
<tr><td>collamcs2</td><td>0.929 4</td></tr>
<tr><td>collamcs3</td><td>0.930 4</td></tr>
<tr><td>collamcs4</td><td>0.946 6</td></tr>
</table>

（续）

<table>
<tr><th colspan="2">变量</th><th>题项编号</th><th>题项 Alpha</th><th>分量表信度系数</th><th>量表信度系数</th></tr>
<tr><td rowspan="8">合作管理质量</td><td rowspan="4">风险管理</td><td>collamr1</td><td>0.903 8</td><td rowspan="4">0.938</td><td rowspan="8">0.983 3</td></tr>
<tr><td>collamr2</td><td>0.899 9</td></tr>
<tr><td>collamr3</td><td>0.897 8</td></tr>
<tr><td>collamr4</td><td>0.964 1</td></tr>
<tr><td rowspan="4">质量管理</td><td>collamq1</td><td>0.935 5</td><td rowspan="4">0.941 4</td></tr>
<tr><td>collamq2</td><td>0.911</td></tr>
<tr><td>collamq3</td><td>0.927 5</td></tr>
<tr><td>collamq4</td><td>0.919 2</td></tr>
<tr><td colspan="2" rowspan="5">合作创新绩效</td><td>prodn1</td><td>0.926</td><td colspan="2" rowspan="5">0.924 6</td></tr>
<tr><td>prodn2</td><td>0.900 4</td></tr>
<tr><td>prodn3</td><td>0.911 2</td></tr>
<tr><td>prodn4</td><td>0.897 2</td></tr>
<tr><td>prodn5</td><td>0.904</td></tr>
</table>

5.5.3 变量测量与效度分析

根据所测量构念的特性，分别采用验证性因子分析和探索性因子分析对所有构念进行测量并进行效度分析。效度是指测量的有效性程度，是测量工具能测出所测量特质的程度，即准确性、有用性。本部分的效度分析主要是结构效度分析。结构效度指测量结果体现出来的理论结构或特质与测值之间的对应程度。在探索性因子分析中，用于评价结构效度的主要指标有累积贡献率、共同度和因子负荷。在验证性因子分析中，主要通过卡方检验、RMSEA 值、CFI 值、SRMR 值及 CD 值等分析测量量表或整个问卷的结构效度。

(1) 合作信任水平

对信任水平的测量借鉴了文献中已采用的成熟量表，因此利用验证性因子模型并建立双因子模型对其进行测量。根据前述理论分析及量表设定，经检验及优化调整建立双因子测量模型，有关拟合度指标分别为：$chi^2(11)=14.56$，$P=0.2035$，$RMSEA=0.035$，$CFI=0.998$，$SRMR=0.012$，$CD=0.984$，符合有关的测量效度标准。善意信任和能力信任的 AVE 分别为 0.812 和 0.772，均大于 0.5 及 SC（平方相关系数），表明量表题项具有良好的聚合及区分效度。

（2）合作研发动机

对合作动机的测量题项是在对已有文献归纳提炼的基础上设计的。因此利用验证性因子模型对其进行测量。经检验及优化调整建立单因子测量模型，有关拟合度指标分别为：$chi^2(5)=8.98$，$P=0.11$，$RMSEA=0.055$，$CFI=0.993$，$SRMR=0.022$，$CD=0.873$，符合有关的测量效度标准，表明测量效果良好。

（3）合作投入水平

对合作资源投入水平的测量题项比较简练明确，因此利用验证性因子模型对其进行测量。经检验及优化调整建立单因子测量模型，有关拟合度指标分别为：$chi^2(1)=0.57$，$P=0.45$，$RMSEA=0.01$，$CFI=1.00$，$SRMR=0.003$，$CD=0.954$，符合有关的测量效度标准，表明测量效果良好。

（4）合作管理质量

本研究在项目管理理论指导下基于研发项目层次对管理质量这一构念进行测量，这是本研究的一个探索，之前未有相关文献进行过同类测量。为科学地确定管理水平的基本维度，本研究使用探索性因子分析（EFA）对管理水平量表题项进行分析①。对量表题项进行了 Bartlett 球形检验和 KMO

① 在探索性因子分析基础上，还利用验证性因子分析进行了测量，但其结果虽然内容效度、结构效度、聚合效度等满足要求，但区分效度不足（由于项目管理各维度工作之间本身存在紧密联系）。反复尝试后还是采用了探索性因子分析的结果。

检验，结果显示表明 Bartlett 球形检验的 P 值为 0，KMO 值为 0.966，表明其符合做因子分析的要求。为分离各维度独特性，降低共线性，在因子提取中采用了方差最大正交旋转的极大似然法。表 5-9 显示，共有五个因子解释方差大于 2，累计方差贡献率 88%，第六个因子方差显著小于 1。因此提取因子 1～5。

表 5-9 合作管理质量探索性因子分析因子贡献率

因子	方差	差异	贡献比重	累计贡献
因子 1	6.67	0.96	0.27	0.27
因子 2	5.70	1.71	0.23	0.51
因子 3	3.99	1.00	0.16	0.67
因子 4	2.99	0.68	0.12	0.79
因子 5	2.31	1.31	0.09	0.88
⋮	⋮	⋮	⋮	⋮
因子 12	0.13	…	0.01	1.00

表 5-10 给出了管理质量 27 个题项探索性因子分析的因子载荷矩阵。对其分析可发现，因子 1 在反映范围管理、沟通管理、人力资源管理的三组题项上载荷均较高，因子 2、3、4、5 分别在反映风险管理、时间管理、成本管理、质量管理的题项上载荷最高。进一步分析可知，对于一次性、有时限的项目性研发工作，对事情的安排和人员的安排紧密相关。科研人员各有专长，组成团队后各负其责，对事情的管理很大程度上就是对人员的安排。此外，沟通交流是匹配和安排人、事不可或缺的环节，因此三个维度紧密相关，共同承载了因子 1。总体来看，探索性因子分析的结果与量表题项设置基本吻合，可以相互验证。五个因子可分别命名为人事统筹因子、风险管理因子、时间管理因子、成本管理因子和质量管理因子。本研究分别取其因子得分，作为各二阶构念的因子变量值，并利用方差贡献率作为权重，加权计算合作管理质量的总因子值。

表 5-10　合作管理质量探索性因子分析因子载荷

变量	因子 1	因子 2	因子 3	因子 4	因子 5	特殊方差
collams1	0.81	0.33	0.19	0.19	0.15	0.08
collams2	0.78	0.30	0.26	0.24	0.31	0.07
collams3	0.69	0.28	0.34	0.33	0.18	0.09
collams4	0.69	0.31	0.35	0.27	0.23	0.12
collamc1	0.70	0.32	0.32	0.23	0.14	0.15
collamc2	0.50	0.27	0.47	0.28	0.21	0.22
collamc3	0.61	0.30	0.40	0.25	0.27	0.13
collamh1	0.62	0.33	0.41	0.20	0.26	0.10
collamh2	0.53	0.35	0.42	0.22	0.30	0.00
collamh3	0.58	0.36	0.44	0.29	0.29	0.07
collamh4	0.48	0.35	0.62	0.29	0.14	0.08
collamt1	0.48	0.35	0.62	0.32	0.17	0.09
collamt2	0.47	0.32	0.69	0.32	0.21	0.02
collamt3	0.40	0.39	0.58	0.28	0.22	0.11
collamt4	0.33	0.33	0.63	0.36	0.26	0.00
collamcs1	0.36	0.40	0.31	0.71	0.22	0.00
collamcs2	0.30	0.45	0.33	0.62	0.14	0.09
collamcs3	0.38	0.41	0.41	0.55	0.25	0.00
collamcs4	0.35	0.44	0.30	0.67	0.23	0.18
collamr1	0.30	0.80	0.25	0.27	0.19	0.08
collamr2	0.27	0.84	0.21	0.23	0.16	0.06
collamr3	0.28	0.81	0.24	0.21	0.17	0.09
collamr4	0.40	0.60	0.27	0.20	0.42	0.19
collamq1	0.34	0.64	0.23	0.27	0.37	0.14
collamq2	0.42	0.48	0.26	0.24	0.62	0.11
collamq3	0.36	0.50	0.26	0.18	0.56	0.16
collamq4	0.40	0.42	0.22	0.32	0.60	0.09

(5) 合作创新绩效

合作创新绩效的测量参考了已有文献较为成熟的量表题项且较为简明，因此利用验证性因子模型进行测量。经检验及优化调整建立单因子测量模型，有关拟合度指标分别为：$chi^2(3)=4.1$，$P=0.25$，$RMSEA=0.04$，$CFI=0.999$，$CD=0.93$，$SRMR=0.006$，表明变量测量效果良好。

5.6 实证结果与分析

5.6.1 基本理论关系分析

利用上一节对五个构念的测量模型，估计各构念的因子值并对构念间的理论关系进行检验。需说明的是，本研究对于构念的测量以及影响关系的路径分析分开进行，本节利用路径分析研究构念之间的复杂影响关系。这是由于本研究涉及的变量维度及题项多，相互联系复杂。将测量与路径分析整合在一起进行估计，计算速度极慢且经常无法得到收敛的结果。利用测量模型可在减少测量误差的基础上，确保对核心概念的有效提取，在此基础上进行路径模型分析，可有效研究构念间的理论联系。

(1) 基本估计结果

利用 Stata16.0 的 SEM 模块对图 5-2 所示的理论模型进行路径回归，可得表 5-11 的回归结果。其中模型一考虑了理论模型中所有变量间关系，即善意信任与能力信任对合作动机、管理质量、投入水平、创新绩效的影响，合作动机对管理质量、投入水平与创新绩效的影响，以及管理质量和投入水平对创新绩效的影响。但模型一为恰好识别，无法分析其拟合程度。因此采取分步逐项剔除（逐步回归）的方式将模型一中不显著的变量间影响关系剔除，得到模型二的结果。表 5-11 给出了变量间的直接影响效果及其拟合检验。

表 5-11　路径回归结果

	模型一				模型二			
	投入水平	管理质量	合作动机	创新绩效	投入水平	管理质量	合作动机	创新绩效
管理质量				0.708*** (4.39)				0.708*** (4.39)
投入水平				0.219*** (2.65)				0.219*** (2.65)
合作动机	0.252*** (4.92)	0.113*** (4.30)		0.619*** (9.64)	0.256*** (4.97)	0.115*** (4.34)		0.619*** (9.64)
善意信任	0.251* (1.92)	0.098 (1.46)	0.104 (0.66)	−0.482*** (−3.08)				−0.482*** (−3.08)
能力信任	0.62*** (4.93)	0.364*** (5.63)	0.552*** (3.73)	0.314** (1.97)	0.836*** (14.52)	0.448*** (15.19)	0.643*** (11.34)	0.314** (1.97)
拟合检验	恰好识别，$chi^2(0)=0$				$chi^2(3)=4.52$，$P=0.211$，$RMSEA=0.044$，$CD=0.7$，$CFI=0.998$，$SRMR=0.01$			
样本数量	262				262			

注：括号中为 z 统计量；*** $P<0.01$，** $P<0.05$，* $P<0.1$。

比较模型一、二可发现，模型二比模型一减少了三项变量间关系，模型的自由度增加了三。但模型一中具有显著性的系数值未发生明显变化，这表明剔除不显著变量未对模型结果产生不利影响。模型二的拟合情况表明模型具有良好的识别效果。以下利用上述估计结果对变量关系作进一步分析。

(2) 信任的影响关系

能力信任与善意信任与管理质量正相关。但是，善意信任的回归系数值低且不显著，而能力信任的系数值是善意信任系数值的约 4 倍且其差异统计显著。能力信任与善意信任与资源投入水平正相关。但善意信任的回归系数值较低，且在模型一中为 10%的水平上显著而在模型二中则不显著，表明其对资源投入水平的影响并不大。而能力信任的系数值是善意信任系数值的两倍以上且统计差异显著。这表明对于促进管理质量水平与资源投入水平提升而言，对合作伙伴的能力信任显著地比善意信任更重要。两种信任水平对合作研发动机的影响类似于其对管理水平与资源投入水平的影响，即善意信任有小且不显著的正向影响，而能力信任对合作研发动机有正向显著的影响。上述结果与理论预期基本相同，但善意信任的影响大小并不显著（假设H1a～H3c）。

与能力信任和善意信任对动机、行为的影响方向一致不同，能力信任与善意信任对创新绩效的影响方向截然相反。能力信任的回归系数值为正且不显著，而善意信任的回归系数值为负且显著，两者之和为接近0的负值，表明整体来看信任水平对于创新绩效的直接影响不显著。能力信任对创新绩效的影响显著，这与假设H4b相符，表明能力信任对于创新绩效的正向影响既可以通过提升创新动机、合作管理质量以及合作资源投入等间接实现，其本身也能直接提升创新绩效。善意信任负向影响创新绩效，这与假设H4a相符。其背后逻辑值得深入探讨：如前述理论分析，善意信任可能会带来对合作伙伴的依赖性以及机会主义行为，造成自身投入不足，这降低了创新绩效。更进一步，基于对企业的实际调研发现，其背后的具体逻辑是由于企业往往难以判断科研成果的实际价值，在信任合作科研机构的选题或研究导向上有一定盲目性，导致研发方向与市场化目标有所差异。因此善意信任的程度越高，越信任科研机构或学者的光环，越缺乏对研发导向的真正理解与把握，导致合作创新绩效越差。与企业自主开展的一般研发项目相比，开展海洋生物医药研发的原创成果产出周期长，研发成果与产业化、市场化的距离远，这容易导致企业对科研成果产业化价值的判断不清。

（3）合作动机的影响关系

合作动机水平对投入水平、管理质量和合作创新绩效都有正向且显著的影响，合作动机对投入水平的影响系数为 0.26，对管理质量的影响系数为 0.12，对创新绩效的影响系数为 0.62，假设 H5a、H5b 和 H5c 得到验证。经检验可知，合作动机对创新绩效的影响显著大于对投入水平和管理质量的影响。这表明合作动机会更直接地通过作用于实际研发工作提升合作创新绩效，而更少地作用于合作管理行为从而提升合作创新绩效。此外还可以发现，与能力信任相比，合作动机对于管理质量的直接影响更小（0.12＜0.49 且显著），且其对于投入水平的直接影响也更小（0.26＜0.84 且显著），这说明合作研发项目中的管理行为提升更依赖于能力信任而非合作动机。这一方面是由于更高的能力信任本身会降低合作中的冲突无序和机会主义行为，进而提升合作管理水平，并为资源投入提供了保障；另一方面，对合作伙伴的能力信任水平越高，一般也表明合作伙伴的科研能力较强，其研发的组织管理水平也更高，也越值得投入更多的研发资源。

（4）管理质量与投入水平的影响关系

投入水平与管理质量对合作创新绩效具有正向显著影响，假设 H6、H7 得到验证。管理质量的影响系数为 0.71，略大于合作动机对合作创新绩效的影响，显著大于投入水平与能力信任的影响，这表明了对于海洋生物医药合作研发项目而言，合作管理质量对于取得合作创新绩效具有首要作用。合作动机可通过激发创新工作积极性、降低合作冲突等方式促进实际研发工作水平提升，从而促进合作创新绩效提升，但其本身并不能直接发挥作用，而是必须通过影响其他因素产生作用。而管理行为直接作用于合作创新活动，其质量水平对于创新活动的高效有序开展具有直接且重要的影响。投入水平对于合作创新绩效的影响小于合作管理质量，这表明单纯的资源投入并不能起到决定性作用，对资源的有效利用和对研发工作的有效管理更为重要。

直观的变量间影响关系还可见图 5－3。

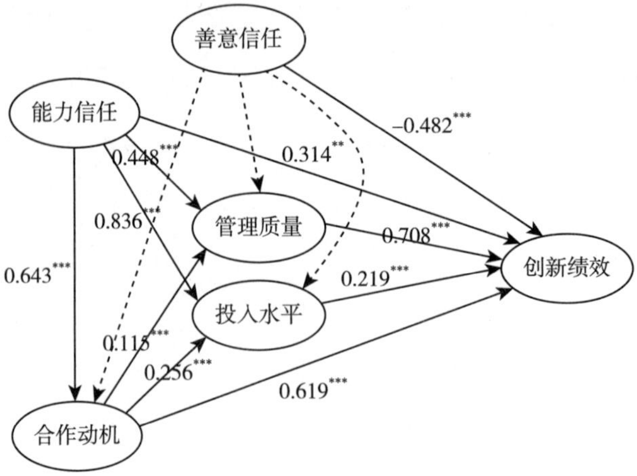

图 5-3　路径回归结果

注：实线表示显著的影响关系，虚线表示不显著的影响关系。*** 表示在 1%的水平上显著，** 表示在 5%的水平上显著。

5.6.2　中介作用分析

本研究的理论框架中，合作管理质量、资源投入水平与合作研发动机是重要的中介变量。合作动机既通过合作管理质量与资源投入水平对合作研发项目的创新绩效产生影响，也直接对合作创新绩效产生影响。而对合作方的信任既同时通过合作管理质量、资源投入水平与合作动机对合作创新绩效产生影响，也直接对合作创新绩效产生影响。从信任水平与创新绩效的关系来看，合作动机与资源投入水平或合作动机与合作管理质量是其双重中介变量。而对合作动机与创新绩效之间的关系而言，合作管理质量或资源投入水平是其单中介变量。表 5-12 给出了基于模型二所估计的变量间影响的间接效应与总效应。

首先分析两类信任水平的间接效应与总效应。信任水平除直接影响管理质量与投入水平外，还可通过合作研发动机间接影响管理质量与投入水平。由表 5-12 可知，能力信任对管理质量的间接影响是 0.074 且在 1%水平上显著，对投入水平的间接影响是 0.164 且在 1%水平上显著，而善意信任对两者的影响均不显著。能力信任通过“合作动机-管理质量-创新绩效”“合作动机-投入水平-创新绩效”以及“管理质量-创新绩效”三条路径间接影响合作创新绩效，其加总的间接影响系数为 0.99 且在 1%的水平上显著。善意信任同样可通过上述三条间接路径对创新绩效有一定的间接影响，但其总体影响并不显著。从对创新绩效的总效应来看，能力信任的总效应为 1.301 且在 1%水平上显著，而善意信任对创新绩效的总效应为负，其综合影响为−0.482 且在 1%水平上显著。

表 5－12　间接效应与总效应分析

间接效应				
被解释变量	解释变量	系数值	z 值	P 值
创新绩效	合作动机	0.137***	4.14	0.00
	能力信任	0.987***	10.20	0.00
管理质量	能力信任	0.074***	4.06	0.00
投入水平	能力信任	0.164***	4.55	0.00
总效应				
被解释变量	解释变量	系数值	z 值	P 值
创新绩效	管理质量	0.708***	4.39	0.00
	投入水平	0.219***	2.65	0.008
	合作动机	0.756***	11.43	0.00
	善意信任	−0.482***	−3.08	0.00
	能力信任	1.301***	8.40	0.00
管理质量	研发动机	0.115***	4.34	0.00
	能力信任	0.522***	20.86	0.00
投入水平	合作动机	0.256***	4.97	0.00
	能力信任	1.00***	20.27	0.00
合作动机	能力信任	0.643***	11.34	0.00

注：*** $P<0.01$，** $P<0.05$，* $P<0.1$。

其次分析合作动机、管理质量与投入水平等中介变量的综合影响。合作动机除直接影响创新绩效外，还通过“管理质量-创新绩效”与“投入水平-创新绩效”两条间接路径对合作创新绩效产生影响。由表 5-12 可知，这一间接影响为 0.137 并在 1%水平上显著。直接影响与间接影响相加，合作研发动机的综合影响系数为 0.756 并在 1%水平上显著。管理质量与投入水平是第二重中介变量，一方面信任水平和合作动机均通过管理质量或投入水平对合作创新绩效产生影响；另一方面，信任水平又通过影响合作动机进而影响管理质量或投入水平并最终影响创新绩效。管理质量、合作动机、能力信任三者的系数均为 1 左右，统计检验显示三者无显著差别，且显著大于投入水平影响系数。这说明对于海洋生物医药研发创新而言，充分的资源投入固然重要，但管理、信任、动机等无形因素更具决定性作用，尤其管理质量本身对创新绩效具有重要影响，同时也是能力信任与合作动机发挥作用的重要中介，由此可认为管理质量在整体框架中具有核心地位。

表 5-13 对各影响路径的中介效应显著性进行了检验。管理质量和投入水平作为能力信任、合作动机与创新绩效之间的中介变量，合作动机作为能力信任与管理质量和投入水平之间的中介变量，以及能力信任与创新绩效之间的中介变量，其中介作用均显著。事实上，根据 Cohen & Cohen (1983) 提出的经验法则，如果所有的直接效应都在同样显著性水平下显著，则由它们乘积构成的间接效应也在同样在显著性水平下显著。由上述分析可知，假设 H8a、H8c、H9a、H9c 得到支持，由于善意信任除对合作创新绩效有直接负向影响外，对其余变量无显著影响，因此涉及善意信任的中介路径都不显著，H8b、H9b 未得到支持。

表 5-13　各路径中介效应显著性检验

影响路径	中介变量	系数	标准误	z 统计量	P 值
能力信任-管理质量-创新绩效	管理质量	0.21	0.05	4.28	0.00
能力信任-投入水平-创新绩效	投入水平	0.12	0.05	2.63	0.009

（续）

影响路径	中介变量	系数	标准误	z 统计量	P 值
合作动机-管理质量-创新绩效	管理质量	0.06	0.02	3.15	0.00
合作动机-投入水平-创新绩效	投入水平	0.04	0.02	2.36	0.02
能力信任-合作动机-管理质量	合作动机	0.11	0.03	4.16	0.00
能力信任-合作动机-投入水平	合作动机	0.13	0.03	4.70	0.00
能力信任-合作动机-创新绩效	合作动机	0.26	0.03	8.21	0.00

5.6.3 合作管理质量各维度影响分析

（1）模型设定与检验

合作管理质量的构成因素复杂，为更深入地剖析合作管理质量中各维度因素对合作创新绩效的影响，本小节利用上节对管理质量各维度的测量值和多元回归方法，探究合作管理质量的各维度因素对合作创新绩效的影响关系。相比于结构方程，多元回归能够更具体地对某一个变量的影响因素做深入分析。所用的回归模型如下式所示：

$$Inovation_i = \beta_0 + \sum_1^5 \beta_k X_k + \sum_1^{13} \beta_l Z_l + \varepsilon_i$$

式中，$Inovation_i$ 为被解释变量，即创新绩效；X_k 为人事统筹管理、时间管理、成本管理、风险管理、质量管理等 5 个解释变量；Z_l 为合作动机、善意信任、能力信任、企业性质、主业类别等 13 个控制变量；β 是回归的斜率项系数，是因子变量变动对被解释变量创新水平的影响程度；ε 是残差项。多元回归所涉及变量具体测度方式如表 5－14 所示：

与上一部分的路径分析相同，本部分的被解释变量仍为利用验证性因子模型测量的创新绩效。解释变量则为合作管理质量的五个维度，即人事统筹管理、时间管理、成本管理、风险管理、质量管理，本部分着重研究其中哪些因素对创新绩效的影响最为显著。控制变量方面，一方面仍保留了路径模型中对合作创新绩效有影响的善意信任、能力信任以及研发动机；另一方面，引入了可能对合作创新有影响的企业层面和项目层面的特征，包括企业和研发项目的类型、企业和研发项目的规模以及研发项目的资金和人员投入、持续期、合作方数量及项目成果的企业权益比例等。多元共线性的检验表明（表 5 - 15），所有变量 *VIF* 值小于 10 这一临界值，表明回归所受的多元共线性影响不大。

表 5 - 14　多元回归模型变量设定

变量类型	变量名称	测量/取值方式
被解释变量	创新绩效	验证性因子模型测量值
解释变量（X_k）	人事统筹/管理	探索性因子模型测量值
	时间管理	探索性因子模型测量值
	成本管理	探索性因子模型测量值
	风险管理	探索性因子模型测量值
	质量管理	探索性因子模型测量值
控制变量（Z_l）	合作动机	验证性因子模型测量值
	善意信任	验证性因子模型测量值
	能力信任	验证性因子模型测量值
	企业性质	1 为国有独资或控股，0 为民营或三资
	主业类别	1 为医药类，0 为其他
	企业规模	1 为中大型企业，0 为小型企业
	高新技术	1 为高新技术企业，0 为非高新技术企业
	项目创新性	1 为基础性研究或新产品新工艺开发，0 为其他
	项目研发人员	问卷题项回答值，定序变量
	项目资金投入	问卷题项回答值，定序变量
	项目持续期	问卷题项回答值，定序变量
	合作方数量	问卷题项回答值，定比变量
	企业权益比例	问卷题项回答值，定序变量

（2）回归结果分析

利用最小二乘法对方程进行回归，结果如表 5 - 16 所示。其中，方程一是加入了所有控制变量的方程，方程二为经逐步回归筛选去掉不显著的控制变量的方程。考虑到可能存在异方差问题，检验利用了异方差稳健标准误（表 5-16)。

表 5-15 多元回归变量方差膨胀因子（*VIF*）

变量	VIF	变量	VIF
能力信任	9.58	成本管理	1.32
善意信任	8.43	合作方数量	1.26
项目资金投入	2.09	质量管理	1.26
人事统筹管理	1.88	企业规模	1.19
项目持续期	1.87	主业类别	1.19
研发动机	1.76	企业权益比例	1.18
风险管理	1.54	企业性质	1.15
项目研发人员	1.44	高新技术	1.11
时间管理	1.39	项目创新性	1.05

表 5-16 多元回归结果及检验（*N*=262）

变量		方程一	方程二
		创新绩效	创新绩效
解释变量（X_k）	人事统筹管理	0.176***	0.191***
	风险管理	0.223***	0.213***
	时间管理	0.182***	0.179***
	成本管理	0.062	0.057
	质量管理	0.322***	0.321***
控制变量（Z_l）	善意信任	−0.275*	−0.221*
	能力信任	0.183*	0.123*
	研发动机	0.644***	0.661***
	项目创新性	0.129*	0.137*
	项目研发人员	−0.035	
	项目资金投入	0.037	
	项目持续期	0.063	
	合作方数量	0.011	
	企业权益比例	0.032	
	观测值数量	262	262
	R^2	0.691	0.682

注：*** $P<0.01$，** $P<0.05$，* $P<0.1$。

可以看到，两个方程的拟合优度 R^2 均为 0.68 以上，作为截面回归其值已经很高，表明方程的解释能力良好。比较方程一与方程二的结果可知，除项目创新性外，所有反映企业及项目特性的控制变量的系数均不显著。此外，两种信任水平与研发动机的影响系数与上一小节路径模型部分的结果一致，两部分结果得到相互验证。以下主要根据方程二的结果进行讨论。由方程二可发现，在构成合作管理质量的五个因素中，除成本管理系数不显著外，其他因素的影响系数均为正向显著，假设 H7a～H7g 基本得到验证，以下分别分析。

人事统筹因子涵盖了范围管理、人力资源管理和沟通管理，这三个因素紧密相关，其中沟通管理发挥了核心作用。这是由于研发工作本身具有很强的不确定性，实践中有些工作是否开展往往随研发进展才能确定（如补充实验、更换技术手段、更换实验材料、购买外包服务等），由此导致了工作范围的调整。此时往往需要团队内部进行良好的沟通，以对分工、协作关系等人力管理方面的工作作出适当调整。组织行为学中沟通是指意义的传递和理解，在组织或群体中沟通有五种职能，分别是控制、反馈、情绪表达、说服和信息交换（罗宾斯和贾奇，2021）。恰当的组织沟通能增强组织的凝聚力和向心力。合作研发项目的沟通管理，就是对研发过程所涉及的科学、技术及其相关的信息、思想、感情等进行传递、交流活动与过程的全面管理。有效的沟通管理可在以下方面促进创新绩效的提升：一是有效的组织沟通能够促进知识、经验和信息的共享与整合，有利于成员间相互学习，从而激发团队成员产生创新构想（宋典等，2011）；二是有效组织沟通可以为团队成员执行创新构想提供所需要的知识或信息，有助于激励其更加积极主动地承担风险，从而促进创新构想的执行（唐贵瑶等，2016）；三是沟通管理通过其各个要素相互作用和协调克服和缓解了对知识转化产生不利影响的障碍因素（吴杨等，2019）。概括来看，良好的沟通管理可以促进合作方研究成员间更充分地知识共享，加强了整个科研团队的知识创新能力，促成了新知识的生成和转化，由此使合作研发的创新绩效得以提升。

项目风险管理是从风险识别、风险分析、量化、风险监控角度对研发项目风险作出积极反应的系统管理过程。海洋原创新药研发过程复杂，面临着诸多不确定因素，在筛选候选药物分子实体、初步安全性和有效性评价、制剂开发、人体临床试验、注册上市及上市后监管等过程的每一阶段都存在多种可能的风险。袁艺和陈玉文（2020）将新药研发过程中的风险分为技术风险、政策风险、管理风险、组织风险、商业风险、知识产权风险等。风险管理是海洋生物医药合作研发过程中的重要管理内容，其对合作创新绩效的影响主要有正负两个方面：一是风险管理是研发项目顺利开展的保障，完善的风险管理能够确保研发进程不出现各类风险，这会极大促进创新成果的产出；二是风险管理对研发管理活动具有一定的限制性，为确保安全性及合规性，在实验技术、实验材料、实验设备的采纳运用及人员活动上可能会施加较强的约束，这可能会对研发进程产生一定延缓作用，从而减少创新成果的产出。但综合正负两方面的影响来看，其综合影响仍应当是正向的。这解释了风险管理的影响系数不显著的正值。

项目时间管理是指对项目工作的分解、时间估算、进度的计划与控制等。良好的时间管理有助于项目研发工作的有序开展，有利于厘清责任、分工合作，进而提升合作研发项目的创新成效。对于海洋生物医药新产品研发项目而言，其工作本身具有很强的不确定性，尤其工作内容和工作时间往往事先难以确定，有效的时间管理尤为重要。生物医药研发还面临严格监管时限要求和激烈的竞争，这导致为满足严格但事先不确定的监管要求，可能需要补充计划外工作，导致工作范围和时间超出预期。这种情况下，为保障项目按要求如期完成，有效时间管理的作用更为凸显。这解释了其影响系数为显著的正值。

项目成本管理的影响系数为不显著的负值，显示了其较为复杂的影响作用：一方面，清晰明确的成本预算及控制有助于控制花费超支、核算成本收益，促进研发项目在有限的时间和预算内产出更多，进而提升合作研发项目的创新成效；但另一方面，研发工作本身很强的不确定性导致成本花费难以确定。对新药研发项目成本花费的严格预算管理不但难以做到，而且这种严格的管理会还对合作研发进展产生阻碍。海洋生物医药研发面临的外部监管要求和激烈的竞争，可能需要补充许多计划外工作，导致成本超出预期。尤其是，为在竞争中抢占先机并更好地满足监管机构时限要求，往往需要购买权威的新药研发的委托研究机构（Contract research organization，CRO）服务，即采用“以金钱换时间”的思路，因此易导致项目预算超支。成本管理因素的回归系数为不显著的正值，表明该因素正负两个方向的影响相互抵消，造成其综合影响的不显著。

项目质量管理是指对整个项目工作和产出的质量进行计划与控制的过程。质量管理活动包括质量管理体系与规范的制定、质量的控制，质量的验收与评定等相关内容。对于海洋生物医药研发来讲，其产出成果往往要经历新药技术审评过程，而新药技术审评要遵守严格的药品质量、安全性和有效性的技术规范，是对新药成果从实验室到市场中间最严格的把关。海洋生物医药研发项目的质量管理对于研发项目的创新成效具有显著的促进作用：一是有效的质量管理体系可规范研发行为，保证研发全过程的数据准确、可靠、可溯源，为项目顺利进入中试和上市奠定基础。二是全面质量管理方法和工具可避免、减少或及时发现研发过程漏洞，进而有效加快研发进程，也可保证药物研发质量持续符合注册申报要求。三是研发过程中引入质量管理体系和管理规范，建立各种工作机制和流程及质量管理制度，是体现质量源于设计（Quality by design，QBD）理念的关键，是高质量药物创新成果产出的保障。上述分析表明，对于海洋生物医药研发而言，合作研发项目的质量管理是确保研发项目创新产出极为重要的因素。

结合对合作研发项目管理各要素的内涵及其对合作创新绩效的影响逻辑分析及实证分析的结果，还可对合作研发项目管理各要素做如下分类：一是主要表现为促进性的因素，即这类管理工作有助于直接提升合作研发项目的绩效，包括沟通管理与质量管理。二是表现出一定约束性的因素，即这类管理工作主要是服务于满足项目的限制性条件，包括成本管理、时间管理与范围管理。三是主要表现为保障性的因素，即这类管理是为项目工作正常顺利开展提供支撑保障，包括人力管理和风险管理。当然，每种管理要素的属性并不唯一，如有效的时间管理和成本管理会促进研发项目在有限的时间和预算内产出更多，从而具有一定的促进性，而质量管理对项目提出合格性要求，也具有一定限制性。

6 结论与建议

6.1 主要研究结论

在海洋生物医药行业由仿制阶段步入原始创新阶段、海洋生物医药企业由单纯制造业企业向创新型企业转型的过程中，以焦点企业为核心组建产学研合作创新网络，是原创新药研发中的普遍现象。但实践中，面向海洋原创新药开发的产学研合作仍存在诸多问题亟待研究解决，包括如何推动由仿制药开发目标下的产学研主体简单联合向新型创新网络和组织学习模式转型，如何识别创新机会并选择投资策略和资源配置模式，如何提升产学研合作管理水平和合作绩效等。本研究基于上述背景，立足企业视角，沿用“结构-行为-绩效”的分析逻辑，围绕面向海洋原创新药开发的产学研合作创新网络结构特征、复杂合作网络环境下的产学研合作模式选择以及合作创新绩效影响机理，开展系统研究。主要研究结论如下：

第一，基于企业创新网络理论和组织学习理论的纵向单案例研究发现，在仿制药研发和原创新药研发过程中，焦点企业均通过组建创新网络实现以最低成本获取专业化知识和技术能力，并分担研发风险。但与仿制药研发创新网络相比，面向原创新药研发的创新网络在网络规模与结构、组织学习平衡模式、知识流动方向以及技术能力提升方向等方面均呈现一定的差异性。

具体来说，一是原创新药创新网络规模更大，网络成员异质性更强，网络结构更为复杂。主要原因在于，仿制药研发过程相对简单、研发周期短、风险低，而原创新药在临床前研究和临床研究阶段的流程和技术复杂性更高，为完成药物成分、疗效、毒理、工艺等方面的全面而严格的程序化试验，需要引进更多专业化机构提供技术支持，同时需要更为复杂的机制实现风险分散。二是焦点企业在仿制药研发和原创新药研发过程中均采用间断型组织学习平衡模式，即在新药技术工艺产业化转移阶段开展探索性学习，在生产阶段开展利用性学习。如果将强连接合作伙伴考虑在内，则构成双元型组织学习平衡模式。但是由于原创新药研发存在基础研究、应用开发和产业化的三方分工关系，其组织学习平衡模式更为复杂。三是无论是仿制药研发还是原创新药研发，焦点企业投入的技术创新能力均为技术基础能力，组织学习过程中收获的能力亦为技术基础能力，而研发所需的技术创新能力则由强连接合作伙伴供给。焦点企业通过专注于提升技术基础能力，保持并强化自身在新药研发和生产中的专业化优势，保证间断型组织学习平衡模式的循环演进。

第二，面向原创新药研发，海洋生物医药企业对产学研合作创新的机会识别、投资策略以及资源配置模式，综合构成了其新药研发的产学研合作模式。本研究基于机会识别理论、风险管理理论和资源配置理论的多案例研究，揭示了海洋生物医药企业产学研合作模式选择的内在机理：首先，医药企业通过识别市场机会作出原创新药研发决策，并确定自身在新药研发产学研合作中的角色；其次，在评估原创新药研发机会和风险的基础上，结合企业战略与优势资源，选择合适的投资策略，以期在尽量减小风险的同时谋求最大化收益；再次，医药企业根据识别到的市场机会选择主要资源配置类型，根据研发投资策略选择资源配置方式，而学研方则基于互补性选择相应资源配置类型和配置方式；最后，产学研各方差异化的资源配置类型和资源配置方式的组合，构成了原创新药研发产学研合作的四类差异化模式。具体如下：

关于合作创新机会识别，研究发现，创新主体识别的原创新药合作研发机会包括套利机会和创新机会两类。其中，制药企业多注意到新药研发的套利机会，通过产学研合作研发新药并自行转化生产，抢占关键市场；具体合作策略包括选择应用型学研合作伙伴、以专利转让（或授权）方式开展合作、为增加确定性在新药研发靠后阶段启动合作、通过新药生产和销售实现盈利等。非制药企业多愿意把握新药研发的创新机会，通过攻克新药研发关键技术形成技术优势，改变新药研发供给格局，从而创造新的市场需求；具体合作策略包括扩大学研合作伙伴选择范围（应用基础型、应用技术型均可）、主要以合作研发和兼职聘任方式开展合作、在新药知识产权增值投入比最大阶段开展合作、通过知识产权增值变现方式（专利出售或股权融资）实现盈利等。

关于企业投资策略，研究发现，面对充满不确定性的新药项目（或技术），企业主要存在单一投资和分散投资两类投资策略。其中，单一投资策略通过严筛拟候选药物和聚焦投入研发资源提高成功率，具体策略包括：聚焦于一种拟开发候选药物（或前沿技术）；尽量选择确定性强、潜力大的候选药物（或技术领域）；充分了解和反复比较候选药物（或关键技术）；持续性资源投入等。分散投资策略强调“以数量换质量”，采用集群开发模式，具体策略包括：降低合作研发新药品种选择“门槛”；多种候选药物研发同时推进；采用“边走边看”的研发模式，不断评估在研新药开发潜力；市场选择，优胜劣汰等。

关于资源配置模式，研究发现，原创新药研发需要多种资源和要素投入，且多具有专业性和不可替代性特征。基于在创新链上的位置，可以将所投入的新药研发资源划分为顾客资产和创新资产；基于投入的聚集性和持续性，可以将资源投入模式概括为深度和广度模式。

在此基础上，可以归纳出四种资源配置模式：其一，当企业识别的市场机会是套利机会，采用单一投资策略时，选择“立储式”资源配置模式（企业方：深度的顾客资产＋学研方：深度的创新资产）；其二，当企业识别的市场机会是套利机会，采用分散投资策略时，选择“赛马式”资源配置模式（企业方：广度的顾客资产＋学研方：广度的创新资产）；其三，当企业识别的市场机会是创新机会，采用单一投资策略时，选择“采矿式”资源配置模式（企业方：深度的创新资产＋学研方：广度的创新资产）；其四，当企业识别的市场机会是创新机会，采用分散投资策略时，选择“分封式”资源配置模式（企业方：广度的创新资产＋学研方：深度的创新资产）。

第三，基于构建的海洋生物医药产学研合作创新绩效的“信任-动机-行为-绩效”理论模型，以及基于调查问卷的实证研究发现：合作管理质量一方面在合作动机、能力信任对合作创新绩效的影响中发挥中介作用，另一方面其本身对合作创新绩效提升具有最为显著的影响，因此合作管理质量是合作创新项目成败的关键。进一步分析发现，合作管理质量的不同维度对合作创新绩效产生的影响呈现差异性，其中人事统筹管理、质量管理、风险管理、时间管理等对合作创新绩效有显著的正向影响，且质量管理的影响最为显著；成本管理则对合作创新绩效具有不显著的正向影响。同时可以发现，投入水平与管理质量对其他因素的影响基本类似，但资源投入水平的影响小于合作管理质量。能力信任与善意信任对合作创新绩效产生迥异作用，其中能力信任不仅直接提升合作创新绩效，而且还通过激发合作动机、提升合作创新项目管理质量并由此提升合作创新绩效；善意信任对合作动机的激发和管理质量的提升几乎没有作用，且对合作创新绩效产生了直接的显著负向影响。合作动机是产学研合作形成的基本驱动力，不仅可以直接提升合作创新绩效，还可以通过促进合作管理质量的提升从而间接提升合作创新绩效。

总之，在海洋生物医药研发过程中，各种创新要素不断向企业流动、集聚和转化，有力促进了产学研深度融合，组建起以企业牵头的创新联合体，进而有效推动以海洋原创新药开发为代表的海洋生物医药产业的发展。而在企业围绕产学研合作构建的复杂创新网络中，合作模式选择与合作创新绩效对其创新主体地位的塑造和发展十分关键。本研究关于海洋生物医药产学研合作必要性的认识进一步验证了 Sigwart et al.（2021）、Lindequist（2016）、付秀梅等（2018）、刘睿和吴皓（2018）等学者的研究观点，但与张艺和孟飞荣（2019）等关注海洋生物医药基础研究中大学和科研院所的主力作用不同，本研究强调海洋原创新药全流程研发过程中企业应发挥主体作用。以企业为主体构建产学研合作创新网络，能够充分发挥企业贴近市场以及在资金等方面的比较优势，并有效整合与利用合作创新资源，这与付秀梅等（2020）提出的建立以医药企业为主导、以科研院所为支撑、以市场需求为目标、以产品为核心的海洋生物医药研发模式的观点具有一致性，更有力回应了 2020 年习近平总书记在科学家座谈会上所强调的“要发挥企业技术创新主体作用，推动创新要素向企业集聚，促进产学研深度融合”的讲话精神，以及《中华人民共和国国民经济和社会发展第十四个五年规划和 2035 年远景目标纲要》支持企业牵头组建创新联合体的战略部署。同时，与关于海洋生物医药产学研合作的既有研究中未能充分区分海洋生物医药与传统生物医药、仿制药与原创新药这一做法不同的是，本研究深刻讨论了海洋生物医药尤其是海洋原创新药与传统生物医药的差异性和特殊性，并以此为基础探索了海洋原创新药合作创新网络特征、合作模式选择、合作创新绩效影响机理等科学性、规律性问题，从而初步构建了区别于传统生物医药开发的海洋原创新药产学研合作开发的理论框架，为构建系统而完善的海洋原创新药创新理论提供了参考，亦为学科交叉创新情景下的企业产学研合作管理研究提供了借鉴。

6.2 启示与建议

6.2.1 管理启示

本研究结论对海洋生物医药企业开展产学研合作创新具有如下启示：

第一，在由仿制药研发转向原创新药研发的战略转型过程中，海洋生物医药企业应充分认识到产学研合作创新和深度融合的重要性。近年来，伴随着药品加成取消、医药分开、两票制、药品集中招标采购等医疗改革政策的推进，我国医药市场竞争日趋激烈，给医药企业带来了较大的生存压力。由于药品集中招标采购等政策极大压缩了制药企业生产利润，若干企业以专利到期药物（包括专利到期后的仿制药）为主导产品的发展策略遇到了严峻挑战。与此相对，由于原创新药有长达 20 年的专利保护期，此阶段内能够维持较高生产利润。在此背景下，根据市场需求集中资源开展原创新药研发，成为医药企业的必然选择。而医药企业要真正成为科技创新的主体，除了技术基础能力积累外，还要通过主导设计产学研合作主动经历新药从药用资源直到上市许可全过程，锻造自身技术创新能力。

原创新药一般要经历四个过程，包括化学过程、医学和生命科学过程、药物审批和科学管理过程，以及信息交流和公共关系过程。创新链条之长、涉及学科之广、合作与竞争关系之复杂，决定了企业不可能在脱离高校、科研院所的基础和应用基础支撑下独立开展此类科技创新活动。新药研发又是各国医药行业的发展基石，纵观全球历次医药革命：化学提纯及合成技术开启了现代制药产业；基于靶点的制药研究以及生物制剂的兴起带动了医药合同研发机构业态；转化医学的诞生推动了研发成果从实验室到临床的快速应用；人工智能的出现又引发新药开发的大升级。“小散弱”的我国医药工业正在遭遇前所未有的“卡脖子”挑战，富有原创基因的海洋药物研发也正处于与世界第四次制药革命跨越式碰撞的阶段，如何发挥海洋原创新药代表国产药品走向国际舞台的路径作用值得深思。以医药企业为主导构建产学研深度融合发展体系已经不可回避也不容回避。新时代背景下，在教育、科技、人才紧密交织的良好氛围中，中国式现代化迈开崭新步伐，海洋生物医药企业应抓住机遇，深度学习、增加投入，强化对产学研活动的计划、组织和协调，依据网络特征、发挥各方资源禀赋，精准科学透明地构建产学研合作创新网络，联合高等院校、科研院所以及多学科、多技术领域专家共同推动海洋原创新药研发进程，推进产学研深度融合，组建起高水平有特色的创新联合体。

第二，海洋生物医药企业在原创新药研发决策过程中，需要对市场机会、技术能力与资源配置进行全面识别、分析研判、估算权衡，在统筹兼顾机遇、挑战与收益的基础上选择最优合作模式。首先，在动态变化的市场环境下，海洋生物医药企业应关注原创新药开发的套利机会和创新机会，在机会识别基础上合理选择应用型学研合作伙伴，并寻求以专利转让或授权等方式开展紧密合作。为增加合作创新的确定性，企业应谨慎选择合作项目启动时机。其次，海洋生物医药企业应基于自身发展战略和资源配置能力，选择合适的投资策略。对于拥有丰厚资源禀赋的企业，可以降低新药选择门槛，采用多种候选药物研发同时推进的集群开发模式，实现“以数量换质量”；对于可支配原研资源有限的企业，则应采取聚焦策略，在充分论证和反复比较基础上选择一种候选药物予以重点开发，从而提高合作研发成功率。最后，海洋生物医药企业应统筹市场机会类型与投资策略，选择适宜的资源配置模式，科学决策顾客资产和创新资产投入重点，以及各类资源的投入广度与深度，寻求与学研方资源投入和配置的最优组合。

第三，合作项目管理质量是海洋生物医药产学研合作创新绩效的关键影响因素。为此，企业应组建专业化项目管理团队，并进行专业化培训，以提升合作项目管理水平。鉴于质量管理、沟通管理等对合作创新绩效的显著正向影响，应强化合作项目质量管理，制定项目质量计划、明确质量测量指标，并做好项目质量保证和质量控制；加强合作项目沟通管理，在充分识别项目相关者基础上，编制好与项目相关者的沟通计划，明确沟通渠道和频率，以此实现与合作方成员间更充分的知识和资源共享，并有效降低合作冲突，从而提升合作创新绩效。鉴于范围管理、时间管理、成本管理等约束性管理因素对合作创新绩效的影响，海洋生物医药企业一方面应科学运用项目时间管理、项目成本管理以及项目范围管理的理论、工具和方法管理合作项目，进行有效的进度、成本和范围控制，避免项目范围的无限蔓延、工期的无限拖延，以及预算严重超支；另一方面要在严格管理的基础上保持适度弹性，防止因约束过紧而打击合作各方的积极性。此外，海洋生物医药企业还应做好风险管理和人力资源管理，有效发挥其保障性作用。

第四，海洋生物医药越来越受到社会各界的广泛关注和认可，各类企业都有积极参与其研发创新的意愿。但是由于海洋生物医药研发原始创新性强，开发难度大，信息不对称程度高，企业方往往会对合作研发产生畏难情绪，实践中也有一些企业在与学研方直接接洽的过程中收效甚微。在研究过程中发现，以企业化方式运营的新型研发机构成为建立合作研发网络、链接互通各主体的重要平台。所谓新型研发机构，是指以产业化应用为研发创新导向的专业从事产业技术研发的机构，其法律身份灵活多元，可依法注册为科技类企业、事业单位和民办非企业单位或兼具多重身份，具有投资主体多元化、管理制度现代化、运行机制市场化、用人机制灵活的特点。在基础科学研究、技术创新和研发服务方面有独特优势，可有效衔接上游基础研究机构和下游企业。通过分析可知，在海洋生物医药产学研合作中，主体间信任水平、合作研发动机强度、合作研发的管理质量等，对于合作产学研合作的创新绩效具有重要的正向影响。而上述新型研发机构在影响创新绩效的多个因素上都有明显的促进作用：一是作为专注于产业技术创新及应用的专门机构，守信是长期重复博弈中的必然选择，这种信誉机制有助于新型研发机构的诚信水平与能力水平的积累提升，这显著地区别于临时性、一次性从事有关创新研发的主体。二是新型研发机构以新技术的产业化应用为核心导向，其目标明确且单一，有利于激发和汇集研究从业者面向产业实践开展创新研发并获得市场价值的动机，这区别于传统的学研机构研究者的科学探索、发表论文、职称晋升、人才培养、服务社会等多元复合的研发动机。三是新型研发机构作为产学研合作的研究主体与合作研发平台，可汇集大量相关研发创新项目，在提升合作研发管理质量方面，与传统学研机构和企业相比具有天然的规模经济和范围经济优势。此外，新型研发机构在汇聚人才、资金等资源，以及获取各类政府支持等方面，也具有独特的优势。因此，基于合作研发创新绩效的影响机理来看，新型研发机构模式具有提升企业创新绩效的独特优势。

6.2.2 政策建议

2018 年 6 月 12 日，习近平总书记在青岛海洋科学与技术试点国家实验室听取了中国工程院院士管华诗关于海洋药物研发情况的介绍。习近平总书记指出，海洋经济、海洋科技将来是一个重要主攻方向，从陆域到海域都有我们未知的领域，有很大的潜力。管华诗说，自己的梦想就是打造中国的“蓝色药库”。自此，促进海洋生物医药全社会共同创新，实施“蓝色药库”计划成为产业界、学术界、科技界和教育界的共识。建设现代化的海洋产业体系，发展海洋生物经济，海洋生物医药业应当积极贡献潜力和价值，并为我国生物医药经济贡献可圈可点的案例和启发。基于前述结论，本研究提出以下政策建议：

第一，引导企业机制变革先行，促成与学研方科技创新的双轮驱动，集聚各类创新要素不断提升海洋原创新药开发中企业的创新主体地位。面对“卡脖子”的技术封锁，我国生物医药企业要更加团结并重视原创新药开发，产学研合作中应坚持企业方体制机制创新和学研方科技创新双轮驱动的发展模式。引导企业主导产学研深入融合，提倡企业市场机制先行、聚集学研资源、促进技术创新、夯实主体地位，同时也要避免急功近利的心态，追求新兴产业长远的可持续发展。一是应高度重视特色显著、交叉特征明显的“专精特新”企业的发展，设计专项政策和绿色通道助力其在国际“单项冠军”技术竞争中实现“弯道超车”，并给予企业主体充分的发展耐心。帮助企业塑造原创新药研发所需要的知识储备、技术能力和医学氛围，使企业真正成为技术创新的主体、成为产学研深度融合的主体。鼓励企业加强与学研方的共同探索性学习，亲身参与到学科深度研究，特别是医学学科和海洋学科建设发展的过程中来，提高对原创海洋医药的领悟力和感知力。二是鼓励企业靠前投入基础研究，鼓励其与涉海的医药机构深度合作，在基础研究中收获海洋新药的临床价值、市场前景和学术影响。三是倡导企业设立的科研机构与高校科研院所融合发展，甚至将企业的科研机构设在学研场所内，让“西服”与“白大褂”共同成长，市场化导向精准选题并提高企业技术创新能力。四是进一步完善财政资金在药物研发阶段的支持和引导方式，将支持阶段聚焦至临床试验前后，建立恰当的候选药物容败非容错机制，助推企业实现创新医药产品安全进入临床，实现有效可及应用。建立新药研发后奖励制度，对获得国家1类海洋新药证书并实现产业化的新药，由各级财政资金予以重点奖励。五是加大对初创型海洋生物医药企业的扶持力度，对初创型企业按规定实行场地租赁费和个人所得税优惠。对企业新建并晋升为国家级科技企业孵化器、企业技术中心、重点实验室、国家技术创新中心、国家工程研究中心等科技创新平台的，分级给予奖励或补贴。

第二，支持建设企业化运作的产学研协同一体发展的新型研发机构。为实现复杂创新网络中各要素发生聚变反应，基于新型研发机构促进科技成果转化的特点，建议：一是大力推动各类法人身份的海洋生物医药新型研发机构实现产学研协同一体建设与发展，并在政策引导时注重分类发挥企业法人市场化产业化的主导优势，以及事业法人与非营利组织的公益科技服务优势，并通过一体化统筹设计法人治理结构与编制，使产学研有机协调，发挥出 1＋1＞2 的作用。二是引导鼓励新型研发机构主动在产业框架内设计各类合作模式。以充分发挥专业机构效能，充分利用合作机会，规避合作风险和优化资源配置，充分发挥团队的积极性和机构创造力为导向，建立包括战略合作、项目合作、共性基础问题研究合作、新产品新技术合作等各类合作模式。实行科研团队事业合伙人制、科学家持股计划等激励机制，推动责权利相统一，确保多元主体的激励相容。同时，科研人员以团队形式依托新型研发机构对外开展合作，也可有效避免科研人员单独对外合作带来的各种风险和沟通障碍及其对合作创新价值的损害。

第三，重点鼓励并支持以产学研合作形式所开展的海洋生物医药创新项目。各国海洋生物医药创新实践表明，在创新药物开发中，各创新主体通常只承担其中一个或几个环节的开发活动，如大学、科研院所往往是海洋生物医药领域的创新源头，绝大部分创新药物和海洋活性物质的发现都由其完成，企业研发机构则在候选药物开发、系统临床前研究、临床研究等方面投入更多，此外其他主体亦参与其中，如政府通过各类研发计划、资助计划等支持基础研究并鼓励产学研合作创新。在我国，国家和地方政府已出台政策明确支持了海洋生物医药研发领域的一些计划和项目，但总体来说支持形式仍比较单一，激励效应未充分发挥。为此，一要优先支持产学研相结合的海洋生物医药创新计划或项目，充分调动企业、学研方合作创新的积极性和能动性；二要建立并完善海洋生物医药产学研合作示范项目与示范单位遴选、评价和奖励制度，推动产学研合作示范基地建设，充分发挥其示范带动效应；三要积极引导银行、风险投资机构参与海洋生物医药产学研合作创新项目，拓宽风险分担的市场主体，完善风险分担机制，同时鼓励创设专业化的合作创新项目风险管理机构，为产学研合作创新项目提供专业化管理服务。

第四，为企业和学研方搭建科学精准的合作创新网络链接平台。企业与学研方资源和能力的差异是产学研合作创新的前提，海洋生物医药行业合作各方间的资源与能力差异更加明显。为提高产学研合作创新绩效，企业和学研方期望在更广范围寻找合作对象，以实现更为有效的资源整合。而实践中由于信息不对称，企业和学研方难以快速匹配到合作伙伴，因此需要第三方充当中介和桥梁角色，帮助各方构建起合作网络。为此，政府一方面应建立并不断完善海洋生物医药合作创新服务平台，及时发布行业经济、技术、产品信息，以及企业、学研方合作创新需求，帮助创新主体突破信息不对称约束；同时支持 CRO、医药合同外包生产机构（CMO）、医药合同定制研发生产机构（CDMO）等基础平台建设，为产业发展提供技术研发、分析测试、药物评价、产品注册等专业服务。另一方面，应完善相关政策，支持信息服务、科技咨询、知识产权等领域各类中介组织的发展，丰富中介组织多元化形式，完善中介组织服务体系，充分发挥中介组织在专业知识、专业技能、信息提供、资源链接等方面的优势，为企业和学研方寻找合作对象、构建合作网络提供规范化、个性化、专业化服务，提高伙伴匹配精准度。

第五，营造良好的社会信任环境，促进产学研主体建立信任关系，对海洋领域尚未充分认知的资源型研发活动给予广泛包容和能力信任。一要注重社会诚信建设，倡导良好社会风尚，引导各创新主体遵守道德标准和行为自律；二要充分发挥法律法规的强制约束力，规范创新主体行为，对合作创新中的欺诈、欺骗行为依法依规给予惩罚；三要建立产学研合作创新信誉登记和认证制度，由权威机构负责对企业、学研方在合作创新中的表现，包括合作创新成效、合同履行中的违约行为等进行记录，对信誉水平进行评价和认证，以此阻断各主体自我宣传中的扭曲作假行为，为各方选择合作对象提供决策支持；四要完善对政府重点支持的海洋生物医药合作创新项目的考核评价机制，不仅关注合作创新产出和要素、资源的配置效率，还要对是否建立了良好的合作创新管理制度、是否制定了合作主体行为规范、是否存在失德失范和违约行为等进行综合评价，引导企业重视合作管理和自身声誉建设。

第六，发挥政策性资金的引导作用，合理分摊海洋生物医药产学研合作创新成本。原创新药研发不在于一味地节省成本，关键在于人力、物力、财力投放的精准度和信效度。政府作为俯视和重视产学研合作的社会组织者和管理者，可以精确掌握行业内合作创新资源的调配。一是成立产学研合作专项引导基金，并充分发挥政府基金的引导带动和资源撬动作用，推动企业和高校院所围绕行业、企业发展的重大技术需求开展深度对接与协同创新，进一步增强行业创新和成果转化能力。二是在对企业投入的医药产学研合作创新资金投入/收益进行精算的基础上，视企业投入金额，对精准投资并取得显著成效的产学研合作给予一定比例的政策性资金奖励或补贴，合理分摊合作创新成本，从而提高其创新积极性。三是围绕制约行业和企业发展的关键核心技术设置揭榜挂帅类的产学研合作攻关课题，合理设置合作目标、安排合作任务，鼓励全社会共同参与，精准透明地对接产业方和学研方，并形成储备库和案例库，向全社会公开充分共享创新资源。四是合理使用政府和社会资本合作（PPP)、科技金融等模式，夯实海洋药物合作研发基础设施和公共服务项目建设。

第七，构建多元化的海洋生物医药开发投融资体系，为新药合作研发提供充足的资金保障。鼓励企业拓宽直接融资渠道，借发行注册制改革东风，推动实力强、规模大的海洋生物医药企业在主板上市。推进中小企业规范化改制，引导创新型企业在科创板、创业板、新三板及区域性股权市场挂牌上市，推动直接融资和企业并购。扩大新旧动能转换基金对海洋生物医药产业发展基金的出资比例，提高省、市各级政府共同出资比例，提升海洋生物医药产业投资基金规模。深化投融资体制改革，引导创投、风投资本前置到海洋生物医药产品研发阶段，提高企业对海洋药物研发与创新的积极性。鼓励和引导天使投资基金、创业投资基金等社会资金投向海洋生物医药产业。财政、税务、金融等部门加强对海洋生物医药企业创新研发中的税收补助或贷款贴息等优惠政策研究，制定出台扶持政策。

第八，加强海洋生物医药领域人才培养，打造具有扎实专业基础和创新素质的高水平海洋生物医药科技研发人才队伍，为产学研合作创新提供智力支持。建立海洋生物医药人才数据库，鼓励专家“下海”，突出海洋人才特色。支持有关高校扩大学术型与专业型研究生招生名额，满足不断增加的基础研究和应用研究需求。紧密结合海洋生物医药领域的重大科技项目和关键技术攻关，引导推动海洋人才培养链与产业链、创新链的有机衔接。针对产业化和工程化问题，推动“产业-科技-教育-人才”融合，鼓励高校与企业联合培养硕士、博士，支持涉海高校与企业联合建立博士后工作站，激励高校院所的科技人员与企业开展研发创新合作。开展生物医药类开发人才分类评价体系改革，支持科研单位和科研人员分享科技成果转化收益，探索引入分成制激励制度。制定海洋生物医药科研人员离岗创业的评价和激励政策，鼓励高层次人才进企业搞研发。

总之，面对我国医药科技创新的质量和水平急需提高、具有完全独立自主知识产权的原创新药仍然匮乏、引领性颠覆性的技术相对缺少、高水平孵化平台正在成长的现状，“向大海要药”已成为我国生物医药业加快原始创新脚步的一种选择。对海洋先导化合物成药性进行深入挖掘，一方面会带来新药创制领域先进技术的突破，另一方面海洋化合物作为新型分子探针也有望带动药物在生物学作用机制方面的深入研究，进而在医学领域有所创造。世界海洋科技与医药领域顶尖的国家和地区，如美国制定“海洋生物技术计划”、欧盟推出“Pharma Sea”计划均表明，海洋生物医药正在成为新一轮科技革命与产业变革的重点领域。其中，自 2013 年实施的欧盟第七框架合作项目“Pharma Sea”就有来自 14 个国家的工业界、学术界以及非营利组织的 14 个合作者参与，亦体现了全球海洋生物制药企业组建产学研合作联盟的趋向。海洋药用资源是国际争先抢占的国家发展战略资源，具有“先占有先使用”的规则，我国更有实力发挥举国体制的优势，探索建立体现国家意志、满足国家需求、代表国家水平、承担国家专项的海洋生物医药创新联合体建设机制，尝试以政府为引导、企业为主体、学科为支撑，塑造我国现代海洋药物研究和传统中医药理论应用耦合互动的原创新药开发模式与路径，不断巩固其科创主体地位，加速产学研创新要素集聚，通过这一综合创新平台实施“蓝色药库”大科学计划，将全国优秀的海洋科研力量集合起来，组合顶尖医药团队协同创新，结成海洋生物医药开发的紧密网络，以期在中国式现代化的征程中下好先手棋、打好主动仗，在未来国际竞争中占据有利位势。

参考文献

白福臣，林凤梅，2015. 湛江海洋生物医药产业发展研究［J］. 中国渔业经济，33（4）：51－58.

白俊红，卞元超，2015. 政府支持是否促进了产学研协同创新［J］. 统计研究，32（11）：43－50.

蔡建新，田文颖，2022. 科技创新平台产学研合作对企业双元创新绩效的影响：基于广东省工程技术中心动态评估数据的研究［J］. 科技管理研究，42（11）：102－107.

曹霞，李传云，于娟，等，2020. 市场机制和政府调控下的产学研合作创新网络演化博弈仿真——以新能源汽车产业为例［J］. 系统管理学报，29（3）：464－474.

曾祥炎，刘友金，凌志鹏，2016. 剩余分配契约与集群企业产学研协同创新效率［J］. 系统工程，34（6）：78－83.

陈怀超，张晶，费玉婷，2020. 制度支持是否促进了产学研协同创新？——企业吸收能力的调节作用和产学研合作紧密度的中介作用［J］. 科研管理，41（3）：1－11.

陈柳，2015. 信任、声誉与产学研合作模式［J］. 科技管理研究，35（12）：233－236.

陈伟，王秀锋，曲慧，等，2020. 产学研协同创新共享行为影响因素研究［J］. 管理评论，32（11）：92－101.

陈兴麟，吴黄铭，汤熙翔，2020. 中国海洋生物医药与制品产业发展建议——基于四个城市的调研分析［J］. 中国发展，20（4）：14－21.

陈叶烽，叶航，汪丁丁，2010. 信任水平的测度及其对合作的影响——来自一组实验微观数据的证据［J］. 管理世界（4）：54－64.

程铎辉，2020. 强化医药化工研发项目管理的有效策略分析［J］. 化工设计通讯，46（9）：149－150.

从俊杰，周婧博，彭翠莲，2013. 天津市海洋生物医药产业发展现状及对策建议［J］. 天津经济（5）：34－43.

崔旭，邢莉，2010. 我国产学研合作模式与制约因素研究——基于政府、企业、高校三方视角［J］. 科技管理研究，30（6）：45－47.

邓颖翔，朱桂龙，2009. 产学研合作绩效的测量研究［J］. 科技管理研究，29（11）：468－470.

翟翌，2020. 知识治理视角下高技术企业创新合作程度对创新绩效影响研究［D］. 长沙：湖南大学.

丁宁，吴跃伟，2012. 产业链范式下的生物制药产业竞争情报分析框架［J］. 情报杂志，31（12）：17－21.

丁祺，张子豪，2018. 产学研协同创新模式与利益机制构建［J］. 中国高校科技（7）：28－30.

董睿，张海涛，2018. 产学研协同创新模式演进中知识转移机制设计［J］. 软科学，32（11）：6－10.

方炜，王莉丽，2018. 协同创新网络的研究现状与展望［J］. 科研管理，39（9）：30－41.

符正平，彭伟，刘冰，2011. 基于跨时视角的联盟组合过程研究与概念框架构建［J］. 外国经济与管理，33（1）：59－65.

付秀梅，姜姗姗，张梦启，2018. 要素配置对海洋生物医药产业发展的作用机理研究［J］. 产经评论，9（2）：62－76.

付秀梅，刘亚萍，徐宇哲，等，2018. 基于 ISM－AHP 的中国海洋生物医药产品市场开拓影响因素研究［J］. 中国海洋大学学报（社会科学版）（3）：23－32.

付秀梅，汤慧颖，王毓，等，2020. 中国海洋生物医药产业链发展研究［J］. 中国海洋药物，39（6）：67－73.

付秀梅，王诗琪，林香红，等，2020. 基于 SFA 方法的中国海洋生物医药产业创新效率及影响因素研究［J］. 科技管理研究，40（13）：202－208.

高茜滢，吴慈生，王琦，2022. 基于合作竞争与协同创新的创新联合体研究［J］. 中国软科学（11）：155－164.

高霞，其格其，曹洁琼，2019. 产学研合作创新网络开放度对企业创新绩效的影响［J］. 科研管理，40（9）：231－240.

高兴民，张祥俊，2015. 禀赋效应与产学研合作收益分配机制研究［J］. 科技进步与对策，32（5）：15－19.

顾劲松，2008. 借鉴欧洲模式加快辽宁海洋生物医药研究与开发［J］. 中国科技论坛（2）：63－66.

郭越，付秀梅，王娜，2017. 海洋生物医药科研成果产业化影响因素评价与对策研究——以青岛市为例［J］. 中国海洋药物，36（5）：55－62.

国家药监局，2022. 关于发布生物制品注册分类及申报资料要求的通告（2020 年第 43 号）［EB/OL］. https：//www. nmpa. gov. cn/xxgk/ggtg/qtggtg/20200630175301552. html. 2020－6－29.

哈罗德·科兹纳，2018. 项目管理：计划、进度和控制的系统方法［M］. 杨爱华，王丽珍，杨昌雯，等，译. 北京：电子工业出版社.

何郁冰，2012. 产学研协同创新的理论模式［J］. 科学学研究（2）：165－174.

贺正楚，王姣，潘红玉，2020. 生物医药产业不同融资方式的融资效率研究［J］. 财经理论与实践，41（1）：48－54.

洪银兴，2013. 关于创新驱动和协同创新的若干重要概念［J］. 经济理论与经济管理（5）：5－12.

侯二秀，秦蓉，雍华中，2016. 基于扎根理论的科研团队创新绩效影响因素研究［J］. 中国管理科学，24（S1）：868－874.

胡刃锋，刘国亮，杨楠，2015. 云平台环境下产学研隐性知识共享协同机制研究［J］. 情报科学，33（4）：53－58.

胡杨，李郇，2017. 多维邻近性对产学研合作创新的影响——广州市高新技术企业的案例分析［J］. 地理研究，36（4）：695－706.

胡杨，2022. 基于多维邻近性的产学研合作模式形成机理分析［J］. 江汉论坛（9）：35－43.

胡月姝，卞如濂，1986. 海洋是个天然药物宝库 [J]. 科技通报 (1)：28-33.
黄珊珊，2020. 关系契约对 IPD 参与方合作质量作用机理的研究 [D]. 天津：天津大学.
黄少安，韦倩，2011. 合作行为与合作经济学：一个理论分析框架 [J]. 经济理论与经济管理，242 (2)：5-16.
黄盛，周俊禹，2015. 我国海洋生物医药产业集聚发展的对策研究 [J]. 经济纵横 (7)：44-47.
霍斯顿，1990. 动机心理学 [M]. 孟继群，等，译. 沈阳：辽宁人民出版社.
霍妍，2009. 产学研合作评价指标体系构建及评价方法研究 [J]. 科技进步与对策，26 (10)：125-128.
姜彤彤，2017. 产学研协同创新模式及运行机制研究 [J]. 中国高校科技 (6)：61-63.
金芙蓉，罗守贵，2009. 产学研合作绩效评价指标体系研究 [J]. 科学管理研究，27 (3)：43-46，68.
柯振埜，陈晓娟，林康康，2012. 基于联合投资下的创业投资对企业绩效影响——来自中国创业板的实证研究 [J]. 科技管理研究，32 (20)：238-242.
赖秋洁，茅宁莹，2021. 交易成本视角下我国生物医药孵化器建设存在问题及对策 [J]. 科技管理研究，41 (20)：97-105.
李成龙，叶磊，2011. 互动视角的产学研合作模式与合作过程研究 [J]. 科技进步与对策，28 (24)：30-33.
李骏，周雪峰，潘剑宇，等，2021. 广东省海洋生物医药产业现状与发展机遇的思考 [J]. 中国海洋药物，40 (1)：41-48.
李廉水，1998. 论产学研合作创新的组织方式 [J]. 科研管理，19 (1)：30-34.
李林，刘红，石焕焕，2022. 不同风险对协同创新项目绩效的影响研究——基于知识管理调节效应检验 [J]. 管理评论，34 (5)：69-80.
李林，王艺，贾佳仪，2020. 产学研协同创新项目成功度研究：基于政府介入和利益分配方式的协同作用 [J]. 湖南大学学报 (社会科学版)，34 (1)：49-57.
李梅芳，齐海花，赵永翔，2018. 考虑合作态度异质性与行业惩罚的产学研合作网络演化研究 [J]. 福州大学学报 (哲学社会科学版)，2018 (5)：40-48.

李树祥，褚淑贞，杨庆，等，2021. 江苏省生物医药产业产学研专利合作网络演化分析［J］. 科技管理研究，41（14）：73－80.

李树祥，杨庆，褚淑贞，2022. 江苏省生物医药领域创新知识流动网络分析：基于专利引用数据［J］. 科技管理研究，42（5）：147－152.

李严，庄新田，罗国锋，等，2012. 风险投资策略与投资绩效——基于中国风险投资机构的实证研究［J］. 投资研究，31（11）：88－100.

李钰婷，高山行，2023. 制度资本对生物医药企业突破性创新的影响研究［J］. 科学学研究，41（3）：556－564.

梁强，罗英光，谢舜龙，2013. 基于资源拼凑理论的创业资源价值实现研究与未来展望［J］. 外国经济与管理，35（5）：14－22.

梁少波，宋燕，2021. 产学研合作对区域创新产出的影响研究——基于人力资本和金融支持的门槛效应［J］. 技术经济与管理研究（1）：23－28.

林明，任浩，2013. 技术合作网络与个体行动者探索式创新行为的内在联系机理——以宁波江北仪器仪表集群技术合作网络为例［J］. 预测，32（1）：31－36.

刘丹，闫长乐，2013. 协同创新网络结构与机理研究［J］. 管理世界（12）：1－4.

刘斐然，胡立君，范小群，2020. 产学研合作对企业创新质量的影响研究［J］. 经济管理（10）：120－136.

刘斐然，2022. 市场竞争、政府支持与产学研合作创新［J］. 现代经济探讨（5）：88－98.

刘亮，岳奇，2012. 我国海洋生物医药产业发展及用海管理政策研究［J］. 海洋开发与管理（11）：14－17.

刘睿，吴皓，2018. 江苏海洋生物医药研究现状与发展机遇的思考［J］. 南京中医药大学学报，34（3）：217－221.

刘漩华，2007. 产学研合作中组织间学习效果的影响因素及对策分析［J］. 研究与发展管理，19（4）：112－118.

刘彦平，王明康，2021. 孵化器运营效率对企业创新行为的影响［J］. 财贸经济，42（5）：127－143.

刘雨梦，郑稣鹏，2022. 基础科学、技术科学及工程应用的“链合”演化研究——国家级协同创新中心纵向案例 [J]. 科学学研究，40 (10)：1745 - 1755.

鲁若愚，张鹏，张红琪，2012. 产学研合作创新模式研究——基于广东省部合作创新实践的研究 [J]. 科学学研究，30 (2)：186 - 193，224.

鲁若愚，周阳，丁奕文，等，2021. 企业创新网络：溯源、演化与研究展望 [J]. 管理世界，37 (1)：217 - 233，14.

陆亚东，孙金云，2014. 复合基础观的动因及其对竞争优势的影响研究 [J]. 管理世界 (7)：93 - 106，188.

罗琳，魏奇锋，顾新，2017. 产学研协同创新的知识协同影响因素实证研究 [J]. 科学学研究，35 (10)：1567 - 1577.

骆珣，等，2010. 项目管理教程 [M]. 北京：机械工业出版社.

马菁，曾刚，胡森林，等，2022. 长三角生物医药产业创新网络结构及其影响因素 [J]. 长江流域资源与环境，31 (5)：960 - 971.

马蓝，安立仁，2016. 合作动机对企业合作创新绩效的影响机制研究：感知政府支持情境的调节中介作用 [J]. 预测，35 (3)：13 - 18.

马丽，邓飞，王鑫杰，2020. 项目管理在新药开发项目中的应用 [J]. 科技创业月刊，33 (3)：99 - 101.

马丽，邵云飞，2019. 二次创新中组织学习平衡与联盟组合网络匹配对技术能力的影响——京东方 1993—2018 年纵向案例研究 [J]. 管理学报，16 (6)：810 - 820.

麦克沙恩，格利诺，2017. 组织行为学 [M]. 吴培冠，译. 北京：机械工业出版社.

毛基业，陈诚，2017. 案例研究的理论构建：艾森哈特的新洞见——第十届“中国企业管理案例与质性研究论坛 (2016)”会议综述 [J]. 管理世界 (2)：135 - 141.

美国项目管理协会 (PMI)，2018. 项目管理知识体系指南 [M]. 6 版. 北京：电子工业出版社.

彭泗清，1999. 信任的建立机制：关系运作与法制手段 [J]. 社会学研究 (2)：55 - 68.

彭新敏，吴晓波，吴东，2011. 基于二次创新动态过程的企业网络与组织学习平衡模式演化——海天 1971—2010 年纵向案例研究 [J]. 管理世界 (4)：138 - 149.

彭新敏，郑素丽，吴晓波，2017. 后发企业如何从追赶到前沿？——双元性学习的视角 [J].

管理世界（2）：142 - 158.

秦玮，徐飞，2014. 产学研联盟动机、合作行为与联盟绩效［J］. 科技管理研究，34（8）：107 - 111.

邱皓政，林碧芳，2012. 结构方程模型的原理与应用［M］. 北京：中国轻工业出版社.

任媛媛，陆婉清，丁元欣，等，2017. 两种新型产学研合作组织发展问题与对策研究——以安徽省为例［J］. 科学管理研究，35（4）：56 - 59.

阮鸿鹏，池仁勇，张军，2022. 不确定环境下组织间信任与合作创新绩效研究［J］. 科研管理，43（5）：104 - 112.

单蒙蒙，尤建新，邵鲁宁，2017. 产业创新生态系统的协同演化与优化模式：基于张江生物医药产业的案例研究［J］. 上海管理科学，39（3）：1 - 7.

沈云慈，2014. 产学研协同创新风险分担机制研究：基于贝叶斯网络法［J］. 中国高教研究（6）：73 - 78.

盛永祥，胡俊，吴洁，等，2020. 技术因素影响产学研合作创新意愿的演化博弈研究［J］. 管理工程学报，34（2）：172 - 179.

石光，刘芳瑜，2016. 我国生物医药产业发展的现状与对策［J］. 中国卫生政策研究，9（3）：16 - 19.

斯蒂芬·罗宾斯，蒂莫西·贾奇，2021. 组织行为学［M］. 18 版. 北京：中国人民大学出版社.

宋典，袁勇志，张伟炜，2011. 创业导向对员工创新行为影响的跨层次实证研究——以创新氛围和心理授权为中介变量［J］. 科学学研究，29（8）：1266 - 1273.

宋砚秋，张玉洁，王瑶琪，2018. 中国企业风险投资多元化投资策略的绩效——基于资源禀赋调节效应的实证研究［J］. 技术经济，37（10）：45 - 54.

苏敬勤，1999. 产学研合作创新的交易成本及内外部化条件［J］. 科研管理（5）：68 -72.

汤丹丹，温忠麟，2020. 共同方法偏差检验：问题与建议［J］. 心理科学，43（1）：215 - 223.

唐贵瑶，于冰洁，陈梦媛，等，2016. 基于人力资源管理强度中介作用的组织沟通与员工创新行为研究［J］. 管理学报，13（1）：76 - 84.

万伦来，曹景帆，娜仁，2022. 长三角生物医药产业高质量发展的时空特征 [J]. 华东经济管理，36 (9)：19-23.

万媛媛，王秋玉，曾刚，等，2022. 高校与生物医药企业创新结网的影响机制——以长三角为例 [J]. 经济地理，42 (7)：146-158.

汪帆，2014. 山东省海洋生物医药业可持续发展模式研究 [D]. 青岛：中国海洋大学.

王大洲，2001. 企业创新网络的进化与治理：一个文献综述 [J]. 科研管理 (5)：96-103.

王荄祥，刘杨，2022. 科技创新的"专业—产业"耦合范式与实践——以京津冀国家技术创新中心"三元耦合"协同创新机制为例 [J]. 中国软科学，383 (11)：176-180.

王凡，2021. 高校科技成果转化中"政产学研金服用"模式探讨 [J]. 中国高校科技 (6)：92-96.

王飞，2019. 美国生物医药产业创新的升级规律及启示 [J]. 南京社会科学 (8)：29-35.

王海军，祝爱民，2019. 产学研协同创新理论模式：研究动态与展望 [J]. 技术经济，38 (2)：62-71.

王晓明，2015. 中关村产学研合作的三种典型模式 [J]. 中国发展观察 (4)：36-40.

王昕红，崔瑞锋，陆根书，等，2007. 加强产学研合作，推动企业技术创新——基于企业的视角 [J]. 高等工程教育研究 (2)：26-30.

王永贵，刘菲，2019. 信任有助于提升创新绩效吗？——基于 B2B 背景的理论探讨与实证分析 [J]. 中国工业经济 (12)：152-170.

邬亮，戴伟辉，孙涛，2007. 我国生物医药产业自主创新的生态群落模式研究 [J]. 研究与发展管理 (2)：42-49.

吴洁，车晓静，盛永祥，等，2019. 基于三方演化博弈的政产学研协同创新机制研究 [J]. 中国管理科学，27 (1)：162-173.

吴欣，魏博，2014. 厦门海洋生物医药产业发展分析及建议 [J]. 海洋开发与管理，31 (10)：48-53.

吴杨，刘佳琦，惠亚男，等，2019. 沟通管理在科研团队知识转化过程中的作用机理研究 [J]. 科学管理研究，37 (6)：36-40.

吴悦，李小平，涂振洲，等，2020. 知识流动视角下动态能力影响产学研协同创新过程的实证研究［J］．科技进步与对策，37（8）：115－123.
向云波，徐长乐，2011．长江三角洲海洋产业发展战略研究［J］．科技创业月刊（7）：1－2.
肖振红，李炎，2023．绿色技术创新模式、环境规制与产学研协同绿色创新［J］．管理工程学报（4）：16－29.
谢开勇，赵邦友，张礼达，等，2002．论高校产学研及其运行机制［J］．科学学研究（4）：88－92.
谢永平，孙永磊，张浩淼，2014．资源依赖、关系治理与技术创新网络企业核心影响力形成［J］．管理评论，26（8）：117－126.
解学梅，方良秀，2015．国外协同创新研究述评与展望［J］．研究与发展管理，27（4）：16－24.
谢园园，梅姝娥，仲伟俊，2011．产学研合作行为及模式选择影响因素的实证研究［J］．科学学与科学技术管理，32（3）：35－43.
徐梦丹，朱桂龙，马文聪，2017．产学研协同创新动力机制分析——基于自组织特征视角［J］．技术经济与管理研究（6）：9－13.
许海云，王超，龚兵营，等，2022．科学-技术关联视角下的新兴研究主题产学研合作适用模式研究——以干细胞研究领域为例［J］．图书情报工作，66（15）：3－13.
薛捷，2019．技术-市场双元性组合对破坏性创新的影响——以科技型小微企业为研究对象［J］．科研管理，40（3）：10－20.
徐勇，贾键涛，2016．多元化投资策略对创业投资绩效影响的研究——基于中国创业投资的经验证据［J］．中山大学学报（社会科学版），56（5）：151－160.
延峰，陆京娜，张俊义，等，2018．原研药与仿制药的价值链分析［J］．国际税收（9）：70－74.
严敏，严玲，邓娇娇，2015．行业惯例、关系规范与合作行为：基于建设项目组织的研究［J］．华东经济管理，29（8）：165－174.
阳义南，2021．结构方程模型及Stata应用［M］．北京：北京大学出版社.
杨陈，徐刚，2016．效用理论视角下产学研协同创新机制有效性的影响因素［J］．科技管理研究，36（11）：23－28.

杨小婉，朱桂龙，吕凤霞，等，2021. 产学研合作如何提升高校科研团队学者的学术绩效？——基于行为视角的多案例研究 [J]. 管理评论，33 (2)：338 - 352.

杨晓燕，韩启灿，2020. 医药企业新药研发项目管理的优化策略探讨 [J]. 企业改革与管理，370 (5)：14 - 15.

杨晔，朱晨，2019. 合作网络可以诱发企业创新吗？——基于网络多样性与创新链视角的再审视 [J]. 管理工程学报，33 (4)：28 - 37.

杨英杰，2018. 这是我们共同的梦想 [N]. 学习时报，2018 - 06 - 22 (1).

叶伟巍，梅亮，李文，等，2014. 协同创新的动态机制与激励政策：基于复杂系统理论视角 [J]. 管理世界，30 (6)：79 - 91.

余光胜，2002. 企业竞争优势根源的理论演进 [J]. 外国经济与管理，24 (10)：2 - 7.

余泳泽，刘大勇，2013. 我国区域创新效率的空间外溢效应与价值链外溢效应——创新价值链视角下的多维空间面板模型研究 [J]. 管理世界 (7)：6 - 20.

余元春，顾新，陈一君，2017. 产学研技术转移"黑箱"解构及效率评价 [J]. 科研管理，38 (4)：28 - 37.

袁艺，陈玉文，2020. 新药研发风险因素及应对策略分析 [J]. 中国医药科学，10 (8)：201 - 203，222.

原长弘，2005. 国内产学研合作学术研究的主要脉络：一个文献述评 [J]. 研究与发展管理 (4)：98 - 102.

詹坤，邵云飞，唐小我，2017. 联盟组合网络特征对创新能力影响的实证研究 [J]. 科学学研究，35 (12)：1910 - 1920.

张爱卿，1996. 论人类行为的动机——一种新的动机理论构建 [J]. 华东师范大学学报（教育科学版）(1)：71 - 80.

张宝建，胡海青，张道宏，2011. 企业创新网络的生成与进化——基于社会网络理论的视角 [J]. 中国工业经济 (4)：117 - 126.

张德，2011. 组织行为学 [M]. 4 版. 北京：高等教育出版社.

张虎，田茂峰，2007. 信度分析在调查问卷设计中的应用 [J]. 统计与决策 (21)：25 - 27.

张敬伟，王静怡，靳秀娟，等，2022. 中国农村创业者如何构建人际信任？——基于 CCTV

《致富经》创业故事的扎根理论研究［J］. 研究与发展管理，34（5）：72－84.
张立军，2014. 加快浙江海洋生物医药产业发展［J］. 浙江经济，8：52－53.
张岭，郭英远，张胜，等，2019. 风险容忍视域下风险投资对科技企业创新支持路径研究［J］. 科学管理研究，37（1）：86－89.
张米尔，武春友，2001. 产学研合作创新的交易费用［J］. 科学学研究，1：89－92.
张娜，冯永春，许晖，2017. 顾客资产与创新资产重构视角下的品牌战略选择机制研究［J］. 管理学报，14（5）：640－649.
张清华，郭淑芬，黄志建，2017. 基于利益分享的产学研协同创新机制研究［J］. 科学管理研究，35（1）：23－26.
张秀峰，陈光华，海本禄，2019. 融资约束，政府补贴与产学研合作创新绩效［J］. 科学学研究，37（8）：1529－1537.
张艺，龙明莲，朱桂龙，2019. 科研团队视角下我国研究型大学参与产学研合作对学术绩效的影响［J］. 科技进步与对策，36（1）：132－141.
张艺，孟飞荣，2019. 海洋战略性新兴产业基础研究竞争力发展态势研究——以海洋生物医药产业为例［J］. 科技进步与对策，36（16）：67－76.
张智颖，任志明，陈为民，等，2022. 分散化投资策略在新型研发机构风险投资中的应用——基于 Markowitz 投资组合理论视角［J］. 科技管理研究，42（22）：145－152.
赵文红，邵建春，尉俊东，2008. 参与度、信任与合作效果的关系——基于中国非营利组织与企业合作的实证分析［J］. 南开管理评论，60（3）：51－57.
赵兴庐，张建琦，刘衡，2016. 能力建构视角下资源拼凑对新创企业绩效的影响过程研究［J］. 管理学报，13（10）：1518－1524.
郑也夫，1999. 信任：溯源与定义［J］. 北京社会科学（4）：118－123.
周广肃，谢绚丽，李力行，2015. 信任对家庭创业决策的影响及机制探讨［J］. 管理世界（12）：121－129.
周海涛，张振刚，2016. 政府科技经费对企业创新决策行为的引导效应研究——基于广东高新技术企业微观面板数据［J］. 中国软科学（6）：110－120.
周静珍，万玉刚，高静，2005. 我国产学研合作创新的模式研究［J］. 科技进步与对策（3）：

70 - 72.

周开国，卢允之，杨海生，2017. 融资约束、创新能力与企业协同创新 [J]. 经济研究，52 (7)：94 - 108.

周青，梁超，2017. 创新网络视角下产学研协同创新演化过程：基于绿色制药协同创新中心的案例研究 [J]. 科技管理研究，37 (23)：200 - 206.

周正，尹玲娜，蔡兵，2013. 我国产学研协同创新动力机制研究 [J]. 软科学，27 (7)：52 - 56.

庄毓敏，储青青，2021. 金融集聚、产学研合作与区域创新 [J]. 财贸经济，42 (11)：68 - 84.

Aghion P，Dewatripont M，Stein J C，2008. Academic freedom，private - sector focus，and the process of innovation [J]. The Rand Journal of Economics，39 (3)：617 - 635.

Alexander A，Martin D P，Manolchev C，et al.，2020. University - industry collaboration：Using meta - rules to overcome barriers to knowledge transfer [J]. Journal of Technology Transfer，45 (2)：371 - 392.

Allen K R，Taylor C C，2005. Bringing engineering research to market：How universities，industry，and government are attempting to solve the problem [J]. Engineering Management Journal，17 (3)：42 - 48.

Anderson N，Potocnik K，Zhou J，2014. Innovation and creativity in organizations：a state - of - the - science review，prospective commentary，and guiding framework [J]. Journal of Management，40 (5)：1297 - 1333.

Andersson S，Evers N，2015. International opportunity recognition in international new ventures - a dynamic managerial capabilities perspective [J]. Journal of International Entrepreneurship，13 (3)：260 - 276.

Angell M，2004. The truth about the drug companies：How they deceive us and what to do about it [M]. New York：Random House Trade Paperbacks.

Ankrah S N，2013. University - Industry interorganisational relationships for Technology/Knowledge transfer：A systematic literature review [J]. SSRN Electronic Journal.

Armstrong J S，Overton T S，1977. Estimating nonresponse bias in mail surveys [J]. Journal of Marketing Research，14 (3)：396 - 402.

Autant - Bernard C，2002. Science and knowledge flows：Evidence from the French case [J]. Research Policy，30 (7)：1069 - 1078.

Awate S，Larsen M M，Mudambi R，2015. Accessing vs sourcing knowledge：A comparative study of R&D internationalization between emerging and advanced economy firms [J]. Journal of International Business Studies，46 (1)：63 - 86.

Bagozzi R P，Baumgartner H，1994. The evaluation of structural equation models and hypothesis testing [J]. Principles in Marketing Research，1 (10)：386 - 422.

Baker T，Miner A S，Eesley D T，2003. Improvising firms：bricolage，account giving and improvisational competencies in the founding process [J]. Research Policy，32 (2)：255 - 276.

Baker W E，Sinkula J M，2007. Does market orientation facilitate balanced innovation programs? An organizational learning perspective [J]. Journal of Product Innovation Management，24 (4)：316 - 334.

Balland P A，2012. Proximity and the evolution of collaboration networks：Evidence from R&D projects with in the GNSS industry [J]. Regional Studies，46 (6)：741 - 756.

Barnes T，Pashby L，Gibbons A，2002. Effective university - industry interaction：A multi - case evaluation of collaborative R&D projects [J]. European Management Journal，20 (3)：272 - 285.

Barringe B R，Harrison J S，2000. Walking a tightrope：Creating value through interorganizational relationships [J]. Journal of Management，26 (3)：367 - 403.

Baum J，Cowan R，Jonard N，2010. Network - independent partner selection and the evolution of innovation networks [J]. Management Science，56 (11)：2094 - 2110.

Becker W，Dietz J，2004. R&D cooperation and innovation activities of firms - evidence for the German manufacturing industry [J]. Research Policy，33 (2)：209 - 223.

Beckman C M，Haunschild P R，2002. Network learning：The effects of partners' heterogeneity of experience on corporate acquisitions [J]. Administrative Science Quarterly, 47 (1): 92 - 124.

Belderbos R, Carree M A, Lokshin B, 2004. Cooperative R&D and firm performance [J]. Research Policy, 33 (10): 1477 - 1492.

Benhayoun L, Dain M, Dominguez - Péry C, et al., 2020. SMEs embedded in collaborative innovation networks: How to measure their absorptive capacity? [J]. Technological Forecasting & Social Change, 159: 120196.

Benner M J, Tushman M L, 2003. Exploitation, exploration, and process management: The productivity dilemma revisited [J]. Academy of Management Review, 28 (2): 238 - 256.

Bergh P, Thorgren S, Wincent J, 2011. Entrepreneurs learning together: the importance of building trust for learning and exploiting business opportunities [J]. International Entrepreneurship and Management Journal, 7 (1): 17 - 37.

Bertrand O, Mol M J, 2013. The antecedents and innovation effects of domestic and offshore R&D outsourcing: The contingent impact of cognitive distance and absorptive capacity [J]. Strategic Management Journal, 34 (6): 751 - 760.

Bianchi M, Cavaliere A, Chiaroni D, et al., 2011. Organisational modes for open innovation in the bio - pharmaceutical industry: An exploratory analysis [J]. Technovation, 31 (1): 22 - 33.

Blanch A, Aluja A, 2014. Text mining techniques for the translation of personality questionnaires in cross - cultural research [J]. Personality and Individual Differences, 60: S71.

Blau P, 1964. Exchange and power in social life [M]. New York: Wiley.

Bollen K A, Long J S, 1993. Testing structure equation modeling [M]. Newbury Park, C. A.: Sage Publications.

Bonaccorsi A, Piccaluga A, 1994. A theoretical framework for the evaluation of university - industry relationships [J]. R&D Management, 24 (3): 229 - 247.

Borah D, Malik K, Massini S, 2020. Teaching - focused university - industry collaborations: Determinants and impact on graduates' employability competencies [J]. Research Policy

(2)：41－55.

Brass D J，Galaskiewicz J，Greve H R，et al.，2004. Taking stock of networks and organizations：A multilevel perspective [J]. Academy of Management Journal，47 (6)：795－817.

Bromiley P，Harris J，2006. Trust，transactions cost economics，and mechanisms [M] // Bachmann R，Zaheer A. Handbook of Trust Research. New York：Edward Elgar.

Bruneel J，D'Este P，Salter A，2010. Investigating the factors that diminish the barriers to university－industry collaboration [J]. Research Policy，39 (7)：858－868.

Caloghirou Y，Giotopoulos I，Kontolaimou A，et al.，2021. Industry－university knowledge flows and product innovation：How do knowledge stocks and crisis matter? [J]. Research Policy，50 (2)：95－102.

Capaldo A，2007. Network structure and innovation：The leveraging of a dual network as a distinctive relational capability [J]. Strategic Management Journal，28 (6)：585－608.

Cassiman B，Veugelers R，2006. In search of complementarity in innovation strategy：Internal R&D and external knowledge acquisition [J]. Management Science，52 (1)：68－82.

Chen C，Zhu X，Ao J，et al.，2013. Governance mechanisms and new venture performance in China [J]. Systems Research and Behavioral Science，30 (3)：383－397.

Child J，Faulkner D，1998. Strategies of cooperation [M]. Oxford：Oxford University Press.

Clements K C，Stephens D W，1995. Testing models of non－kin cooperation：mutualism and the Prisoner's Dilemma [J]. Animal Behavior，50 (2)：527－535.

Cohen J，Cohen P，1983. Applied multiple regression/correlation analysis for the behavioral sciences [M]. N. J.：Lawrence Erlbaum.

Cohen W M，Levinthal D A，1990. Absorptive capacity：a new perspective on learning and innovation [J]. Administrative Science Quarterly，35 (1)：128－152.

Corejova A，Jaros J，2016. Spin－off business form at the University of Zilina environment with the focus on the field of intelligent transport systems [C]. Proceedings of the 20th International Scientific Conference Transport Means，44 (6)：1045－1050.

Coriat B, Orsi F, 2002. Establishing a new intellectual property rights regime in the United States - origins, content and problems [J]. Research Policy, 31 (8 - 9): 1491 - 1507.

Cui W, Li L, Chen G, 2022. Market - value oriented or technology - value oriented? —Location impacts of industry - university - research (IUR) cooperation bases on innovation performance [J]. Technology in Society (70): 102025.

Cyert R M, Goodman P S, 1997. Creating effective university - industry alliances: An organizational learning perspective [J]. Organizational Dynamics, 5 (1): 45 - 57.

Dankbaar B, Groenewegen J, Schenk H, 1990. Perspectives in industrial organization [M]. London: Kluwer Academic.

de Moraes Silva D R, Furtado A T, Vonortas N S, 2018. University - industry R&D cooperation in Brazil: A sectoral approach [J]. The Journal of Technology Transfer, 43 (2): 285 - 315.

Dealtry R, Rademakers M, 2005. Corporate universities: driving force of knowledge innovation [J]. Journal of Workplace Learning, 17 (1): 130 - 136.

Dillman D A, Tarnai J, 2011. Mode effects of cognitively designed recall questions: A comparison of answers to telephone and mail surveys [M] //Biemer P, Groves R, Lyberg L, et al. Measurement Errors in Surveys. John Wiley & Sons, Inc.

Doz Y L, 1996. The evolution of cooperation in strategic alliances: initial conditions or learning processes? [J]. Strategic Management Journal, 17: 55 - 83.

Doz Y, Hamel G, 1998. Alliance advantage: the art of creating value through partnering [M]. Boston: Harvard Business School Press.

Dussauge P, Garrette B, Mitchell W, 2000. Learning from competing partners: Outcomes and durations of scale and link alliances in Europe, North America and Asia [J]. Strategic Management Journal, 21 (2): 99 - 126.

Dyer J H, Nobeoka K, 2000. Creating and managing a high - performance knowledge - sharing network: the Toyota case [J]. Strategic Management Journal, 21 (3): 345 - 367.

Dyer W G, Wilkins A L, 1991. Better stories, not better constructs, to generate better theory:

A rejoinder to eisenhardt [J]. Academy of Management Review, 16 (3): 613 - 619.

Ebers M, Powell W W, 2007. Biotechnology: Its origins, organization, and outputs [J]. Research Policy, 36 (4): 433 - 437.

Eisenhardt K M, Graebner M E, 2007. Theory building from cases: Opportunities and challenges [J]. Academy of Management Journal, 50 (1): 25 - 32.

Eom B Y, Lee K, 2010. Determinants of industry - academy linkages and their impact on firm performance: The case of Korea as a late comer in knowledge industrialization [J]. Research Policy, 39 (5): 625 - 639.

Fang E, Palmatier R W, Grewal R, 2011. Effects of customer and innovation asset configuration strategies on firm performance [J]. Journal of Marketing Research, 48 (3): 587 - 602.

Faria P D, Lima F, Rui S, 2010. Cooperation in innovation activities: The importance of partners [J]. Research Policy, 39 (8): 1082 - 1092.

Figueiredo P N, 2002. Does technological learning pay off? Inter - firm differences in technological capability - accumulation paths and operational performance improvement [J]. Research Policy, 31 (1): 73 - 94.

Francesca C, Oved Y, 2003. Stage financing and the role of convertible securities [J]. Review of Economic Studies (1): 1 - 32.

Fukuyama F, 1995. Trust: The social virtues and the creation of prosperity [M]. New York: The Free Press.

Giaccone S C, Magnusson M, 2022. Unveiling the role of risk - taking in innovation: antecedents and effects [J]. R&D Management: Research and Development Management, 52 (1): 93 - 107.

Gibson C B, Birkinshaw J, 2004. The antecedents, consequences and mediating role of organizational ambidexterity [J]. Academy of Management Journal, 47 (1): 209 - 226.

Gloor P A, 2006. Swarm creativity: Competitive advantage through collaborative innovation networks [M]. Oxford University Press.

Grégoire D A, Barr P S, Shepherd D A, 2010. Cognitive processes of opportunity recognition: The role of structural alignment [J]. Organization Science, 21 (2): 413 - 431.

Ha B C, Park Y K, Cho S, 2011. Suppliers' affective trust and trust in competency in buyers: Its effect on collaboration and logistics efficiency [J]. International Journal of Operations & Production Management, 31 (1): 56 - 77.

Haken H, 1973. Synergetics: Coorperative phenomena in multi - component systems [M]. Stuttgart: B. G. Teubner.

Hamel G, 1991. Competition for competence and inter - partner learning within international strategic alliances [J]. Strategic Management Journal, 12 (S1): 83 - 103.

He Z, Wong P, 2004. Exploration vs. Exploitation: An empirical test of the ambidexterity hypothesis [J]. Organization Science, 15 (4): 481 - 494.

Hohenthal J, Johanson J, Johanson M, 2003. Market discovery and the international expansion of the firm [J]. International Business Review, 12 (6): 659 - 672.

Hoppmann J, 2021. Hand in hand to Nowhereland? How the resource dependence of research institutes influences their co - evolution with industry [J]. Research Policy, 50 (8): 41 - 45.

Huang C, Wang Y, 2017. Evolution of network relations, enterprise learning, and cluster innovation networks: the case of the Yuyao plastics industry cluster [J]. Technology Analysis & Strategic Management: 1 - 14.

Humphery - Jenner M, 2013. Diversification in private equity funds: On knowledge - sharing, risk - aversion and limited - attention [J]. Journal of Financial & Quantitative Analysis, 48 (5): 1545 - 1572.

Joe T, John B, Keith P, 2005. Managing innovation: integrating technological, market and organizational change [M]. 3rd edition. England: John Wiley and Sons.

Johnston A, Huggins R, 2018. Partner selection and university - industry linkages: Assessing small firms' initial perceptions of the credibility of their partners [J]. Technovation, 78: 15 - 26.

Jones J, de Zubielqui G C, 2016. Doing well by doing good: A study of university - industry interactions, innovationess and firm performance in sustainability - oriented Australian SMEs [J]. Technological Forecasting & Social Change, 123 (10): 262 - 270.

Kaklauskas A, Amaratunga D, Haigh R, 2018. A model and system for an integrated analysis of the iterative life cycle of university - industry partnerships [J]. Procedia Engineering, 212: 270 - 277.

Kaplan R S, Mikes A, 2012. Managing risk: a new framework [J]. Harvard Business Review, 90 (6): 48 - 60.

Kobarg S, Stumpf - Wollersheim J, Welpe M I, 2019. More is not always better: Effects of collaboration breadth and depth on radical and incremental innovation performance at the project level [J]. Research Policy, 48 (1): 1 - 10.

Lane P J, Lubatkin M, 2015. Relative absorptive capacity and inter - organizational learning [J]. Strategic Management Journal, 19 (5): 461 - 477.

La Rocca A, Moscatelli P, Perna A, et al., 2016. Customer involvement in new product development in B2B: The role of sales [J]. Industrial Marketing Management (58): 45 - 57.

Laura P, Kevin Zheng Z, Julie J, 2016. When can you trust "trust"? calculative trust, relational trust, and supplier performance [J]. Strategic Management Journal, 37 (4): 2213 - 2234.

Lavie D, Rosenkopf L, 2006. Balancing exploration and exploitation in alliance formation [J]. Academy of Management Journal, 49 (4): 797 - 818.

Lazonick W, 2002. The theory of the market economy and the social foundations of innovative enterprise [J]. Economic and Industrial Democracy, 24 (1): 9 - 44.

Lee H J, 2004. The role of competence - based trust and organizational identification in continuous improvement [J]. Journal of Managerial Psychology, 19 (6): 623 - 639.

Lee K J, 2011. From interpersonal networks to inter - organizational alliances for university - industry collaborations in Japan: the case of the Tokyo Institute of Technology [J]. R&D Management, 41 (2): 190 - 201.

Lee K, Malerba F, 2017. Catch－up cycles and changes in industrial leadership: windows of opportunity and responses of firms [J]. Research Policy, 46 (2): 338－351.

Lee S M, Olson D L, Trimi S, 2012. Co－innovation: Convergenomics, collaboration, and co－creation for organizational values [J]. Management Decision, 50 (5): 817－831.

Leonchuk O, Gray D O, 2019. Scientific and technological (human) social capital formation and industry－university cooperative research centers: A quasi－experimental evaluation of graduate student outcomes [J]. Journal of Technology Transfer, 44 (5): 1638－1664.

Lewicki R J, Tomlinson E C, Gillespie N, 2006. Models of interpersonal trust development: Theoretical approaches, empirical evidence, and future directions [J]. Journal of Management, 32 (6): 991－1022.

Li Y, He N, Li H, 2021. Influencing factors on inter－organizational trust asymmetry behavior in construction projects: Evidence from China [J]. Engineering Construction & Architectural Management, 28 (1): 308－331.

Li Y, Vanhaverbeke W, Schoenmakers W, 2008. Exploration and Exploitation in Innovation: Reframing the Interpretation [J]. Creativity & Innovation Management, 17 (2): 107－126.

Lindequist U, 2016. Marine－derived pharmaceuticals: Challenges and opportunities [J]. Biomolecules & therapeutics, 24 (6): 561－571.

Mainela T, Puhakka V, Servais P, 2014. The concept of international opportunity in international entrepreneurship: A review and a research agenda [J]. International Journal of Management Reviews, 16 (1): 105－129.

Markowitz H M, 1952. Portfolio selection [J]. The Journal of Finance, 7 (1): 77－91.

Marsden P V, 1990. Network data and measurement [J]. Annual Review of Sociology, 16 (1): 435－463.

Mathews J A, 2017. Dragon multinationals powered by linkage, leverage and learning: A review and development [J]. Asia Pacific Journal of Management, 34 (4): 1－7.

Matt G M, 2006. Factors affecting university－industry R&D projects: The importance of searching, screening and signalling [J]. Research Policy, 35 (2): 309 - 323.

Mattes J, 2014. Formalisation and flexibilisation in organisations: Dynamic and selective approaches in corporate innovation processes [J]. European Management Journal, 32 (3): 475 - 486.

Maurer I, Bartsch V, Ebers M, 2011. The value of intra - organizational social capital: How it fosters knowledge transfer, innovation performance, and growth [J]. Organization Studies, 32 (2): 157 - 185.

Mayer R C, Davis J H, Schoorman F D, 1995. An integrative model of organizational trust [J]. Academy of Management Review, 20 (3): 709 - 734.

Mccabe A, Parker R, Cox S, 2016. The ceiling to coproduction in university - industry research collaboration [J]. Higher Education Research & Development, 35 (3): 560 - 574.

Mcevily B, Zaheer A, 1999. Bridging ties: a source of firm heterogeneity in competitive capabilities [J]. Strategic Management Journal, 20 (12): 1133 - 1156.

McMillan G S, Narin F, Deeds D L, 2000. An analysis of the critical role of public science in innovation: The case of biotechnology [J]. Research Policy, 29 (1): 1 - 8.

Meng X L, Di K, Su H, 2023. The relationship between the interactive behavior of industry - university - research subjects and the cooperative innovation performance: The mediating role of knowledge absorptive capacity [J]. Frontiers in Psychology, 13: 1077614.

Mesterton - Gibbons M, Dugatkin L A, 1992. Cooperation among unrelated individuals: evolutionary factors [J]. Quarterly Review of Biology, 67: 267 - 281.

Molina - Morales F X, Martínez - Fernández M T, Torlò V J, 2011. The dark side of trust: The benefits, costs and optimal levels of trust for innovation performance [J]. Long Range Planning, 44 (2): 118 - 133.

Moravalentin E M, Montorosanchez A, Guerrasmartin L A, 2004. Determining factors in the success of R&D cooperative agreements between firms and research organizations [J]. Research Policy, 33 (1): 17 - 40.

Morgan V, 2003. A configuration theory assessment of marketing organization fit with business strategy and its relationship with marketing performance [J]. Journal of Marketing, 67 (1): 100 - 115.

Mowery D C, Oxley J E, Silverman B S, 1996. Strategic alliances and interfirm knowledge transfer [J]. Strategic Management Journal, 17: 77 - 91.

Mowery D C, 1998. Collaborative R&D: How effective is it? [J]. Issues in Science and Technology, 15 (1): 37 - 44.

Nan G, Wei J, Hu H, 2019. Analysis of the multi - agent's relationship in collaborative innovation network for science and technology SEMs based on evolutionary game theory [J]. International Journal of Information Technology and Management, 18 (1): 1 - 15.

Neely A, Gregory M, Platts K, 1995. Performance measurement system design: a literature review and research agenda [J]. International Journal of Operations & Production Management, 15: 80 - 116.

Nelson R R, 2004. The market economy, and the scientific commons [J]. Research Policy, 33 (3): 455 - 471.

Neves A R, Costa J, Reis J, 2021. Using a systematic literature review to build a framework for university - industry linkages using open innovation [J]. Procedia Computer Science, 181 (8): 23 - 33.

Nguyen Q T K, Rugman A M, 2015. Internalequity financing and the performance of multinational subsidiaries in emerging economies [J]. Journal of International Business Studies, 46 (4): 468 - 490.

Nonaka L, Takeuchi H, 1995. The knowledge - creating company: How Japanese companies create the dynamics of innovation [M]. Oxford: Oxford University Press.

Noni I D, Orsi L, Belussi F, 2018. The role of collaborative networks in supporting the innovation performances of lagging - behind European regions [J]. Research Policy, 47 (1): 1 - 13.

Nooteboom B, 2002. Trust: Forms, foundations, functions, failures and figures [M]. Cheltenham UK: Edward Elgar.

O'Cass A, Heirati N, Ngo L V, 2014. Achieving new product success via the synchronization of exploration and exploitation across multiple levels and functional areas [J]. Industrial marketing management (5): 653-662.

Oehmen J, Olechowski A, Kenley C R, et al., 2014. Analysis of the effect of risk management practices on the performance of new product development programs [J]. Technovation, 34 (8): 441-453.

Offermann L R, Spiros R K, 2001. The science and practice of team development: Improving the link [J]. Academy of Management Journal, 44 (2): 376-392.

Oliver C, 1990. Determinants of interorganizational relationships: Integration and future directions [J]. Academy of Management Review, 15 (2): 241-265.

O'Reilly C A, Tushman M L, 2013. Organizational ambidexterity: Past, present, and future [J]. Academy of Management Perspectives, 27 (4): 324-338.

Ouakouak M L, Ouedraogo N, 2019. Fostering knowledge sharing and knowledge utilization: The impact of organizational commitment and trust [J]. Business Process Management Journal, 25 (4): 757-779.

Oxley J E, Sampson R C, 2004. The scope and governance of international R&D alliances [J]. Strategic Management Journal, 25 (8/9): 723-749.

Ozcan P, Eisenhardt K M, 2009. Origin of alliance portfolios: Entrepreneurs, network strategies, and firm performance [J]. Academy of management journal, 52 (2): 246-279.

Packard M D, Clark B B, 2020. On the mitigability of uncertainty and the choice between predictive and non-predictive strategy [J]. The Academy of Management Review, 45 (4): 766-786.

Parkhe A, 1993. Strategic alliance structuring: A game theoretic and transaction cost examination of interfirm cooperation [J]. Academy of Management Journal, 36 (4): 794-829.

Patnaik S, Pereira V, Temouri Y, 2022. Intra-organizational dynamics as 'dark side' in inter-organizational relationships: Evidence from a longitudinal investigation into a university-industry collaboration [J]. Technological Forecasting and Social Change, 174: 121259.

Pettigrew A M, 1990. Longitudinal field research on change: Theory and practice [J]. Organization Science, 1 (3): 267 - 292.

Qian Q, Zhang L, 2018. Impact of regulatory focus on choice of project - governance modes: Role of tolerance of opportunistic behavior [J]. Journal of Construction Engineering & Management, 144 (8): 401 - 422.

Rao - Nicholson R, Khan Z, Akhtar P, et al, 2020. The contingent role of distributed leadership in the relationship between HR practices and organizational ambidexterity in the cross - border M&As of emerging market multinationals [J]. International Journal of Human Resource Management, 31 (1/2): 232 - 253.

Rese A, Baier D, 2011. Success factors for innovation management in networks of small and medium enterprises [J]. R&D Management, 41 (2): 138 - 155.

Ritter T, Gemünden H G, 2004. The impact of a company's business strategy on its technological competence, network competence and innovation success [J]. Journal of Business Research, 57 (5): 548 - 556.

Rui H, Zhang M, Shipman A, 2017. Chinese expatriate management in emerging markets: A competitive advantage perspective [J]. Journal of International Management, 23 (2): 124 - 138.

Sankowska A, Paliszkiewicz J, 2016. Dimensions of institutionalized organizational trust and firm's innovativeness [J]. Journal of Computer Information Systems, 56 (2): 168 - 174.

Santoro M D, 2000. Success breeds success: The linkage between relationship intensity and tangible outcomes in industry - university collaborative ventures [J]. The Journal of High Technology Management Research, 11 (2): 255 - 273.

Serrano V, Fischer T, 2007. Collaborative innovation in ubiquitous systems [J]. Journal of Intelligent Manufacturing, 18 (5): 599 - 615.

Shachar J, Zuscovitch E, 1990. Learning patterns within a technological network: the case of the European space program [J]. Perspectives in Industrial Organization (13): 133 - 150.

Sharpe W F, 1964. Capital asset prices: A theory of market equilibrium under conditions of risk [J]. Journal of Finance, 19 (3): 425 - 442.

Siggelkow N, Levinthal D A, 2003. Temporarily divide to conquer: Centralized, decentralized, and reintegrated organizational approaches to exploration and adaptation [J]. Organization Science, 14 (6): 650 - 669.

Sigwart J D, Blasiak R, Jaspars M, et al, 2021. Unlocking the potential of marine biodiscovery [J]. Natural Product Reports, 38 (7): 1235 - 1242.

Silva C, Ribeiro P, Pinto E B, et al, 2021. Maturity model for collaborative R&D university - industry sustainable partnerships [J]. Procedia Computer Science, 181 (5): 811 - 817.

Simon P, 2008. Measuring the performance of research collaborations [J]. Measuring Business Excellence, 12 (3): 16 - 23.

Sirmon D G, Hitt M A, 2009. Contingencies within dynamic managerial capabilities: Interdependent effects of resource investment and deployment on firm performance [J]. Strategic Management Journal, 30 (13): 1375 - 1394.

Smith W K, Lewis M W, 2011. Toward a theory of paradox: A dynamic equilibrium model of organizing [J]. The Academy of Management Review, 36 (2): 381 - 403.

Srinicasan R, Brush T H, 2006. Supplier performance in vertical alliances: The effects of calculative trust and enforceable contracts [J]. Organizations Science, 17 (4): 436 - 452.

Østergaard C R, Drejer I, 2022. Keeping together: Which factors characterise persistent university - industry collaboration on innovation? [J]. Technovation, 111: 102389.

Strauss A, Corbin J, 1998. Basics of qualitative research [M]. 2nd ed. Thousand Oaks, C. A.: Sage Publications.

Szücs F, 2018. Research subsidies, industry - university cooperation and innovation [J]. Research Policy, 47 (7): 1256 - 1266.

Tidd J, Bessant J, Pavitt K, 2013. Managing innovation: Integrating technological, market and organizational change [M]. London: Wiley.

Tijssen R J W, Wong P K, 2016. Unraveling complexities of university - industry research interactions: The analytical power of case studies [J]. Research Evaluation, 25 (2): 119 -

120.

Toole A A, 2012. The impact of public basic research on industrial innovation: Evidence from the pharmaceutical industry [J]. Research Policy, 41 (1): 1-12.

Tsai K H, 2009. Collaborative networks and product innovation performance: Toward a contingency perspective [J]. Research Policy, 38 (5): 765-778.

Vega-Jurado J, Kask S, Manjarrés-Henriquez Ly, 2017. University industry links and product innovation: Cooperate or contract? [J]. Journal of technology management & innovation, 12 (3): 1-8.

Veugelers R, Cassiman B, 2005. R&D cooperation between firms and universities: Some empirical evidence from Belgian manufacturing [J]. International Journal of Industrial Organization, 23 (5-6): 355-379.

Villena V H, Choi T Y, Revilla E, 2019. Revisiting interorganizational trust: Is more always better or could more be worse? [J]. Journal of Management, 45 (2): 752-785.

Wang C, Zhu Z, 2023. The impact of characteristics of industry-university-research cooperation network on innovation performance: mediating role of social capital [J]. Applied Mathematics and Nonlinear Sciences, 7 (2): 1053-1066.

Wei H, Su Y S, 2013. The effect of institutional proximity in non-local university-industry collaborations: An analysis based on Chinese patent data [J]. Research Policy, 42 (2): 454-464.

Wu Z, Shao Y, Feng L, 2019. Dynamic evolution model of a collaborative innovation network from the resource perspective and an application considering different government behaviors [J]. Information, 10 (4): 138.

Xie X, Fang L, Zeng S, 2016. Collaborative innovation network and knowledge transfer performance: A fsQCA approach [J]. Journal of Business Research, 69 (11): 5210-5215.

Xu A, Qiu K, Zhu Y, 2023. The measurements and decomposition of innovation inequality: Based on industry-university-research perspective [J]. Journal of Business Research, 157: 113556.

Xu H, Wang C, Dong K, et al, 2018. A study of methods to identify industry - university - research institution cooperation partners based on innovation chain theory [J]. Journal of Data and Information Science (2): 40 - 63.

Yang Y, Narayanan V K, De Carolis D M, 2014. The relationship between portfolio diversification and firm value: The evidence from corporate venture capital activity [J]. Strategic Management Journal, 35 (13): 1993 - 2011.

Yin R K, 2003. Case study research: Design and methods [M]. 3rd ed. Thousand Oaks, C. A.: Sage Publications.

Yin R K, 2010. Case study research: Design and methods [M]. Newyork: John Wiley & Sons, Inc.

Yin R, 1984. Case study research [M]. Beverly Hills, C. A.: Sage Publications.

Zahra S A, George G, 2002. Absorptive capacity: A review, reconceptualization, and extension [J]. Academy of Management Review, 27 (2): 185 - 203.

Zhang J A, Edgar F, Geare A, et al, 2016. The interactive effects of entrepreneurial orientation and capability - based HRM on firm performance: The mediating role of innovation ambidexterity [J]. Industrial Marketing Management, 59: 131 - 143.

Zhou H, Zhu X, Dai J, et al, 2023. Innovation evolution of industry - university - research cooperation under low - carbon development background: In case of 2 carbon neutrality technologies [J]. Sustainable Energy Technologies and Assessments, 55: 102976.

图书在版编目（CIP）数据

海洋生物医药企业产学研合作模式选择与绩效影响机理研究／孙杨著．—北京：中国农业出版社，2023.9
ISBN 978-7-109-31161-9

Ⅰ.①海…　Ⅱ.①孙…　Ⅲ.①海洋生物－生物医学工程－产学研一体化－研究－中国　Ⅳ.①F426.77

中国国家版本馆 CIP 数据核字（2023）第 178761 号

中国农业出版社出版
地址：北京市朝阳区麦子店街 18 号楼
邮编：100125
责任编辑：肖　邦　王金环
版式设计：王　晨　　责任校对：吴丽婷
印刷：北京中兴印刷有限公司
版次：2023 年 9 月第 1 版
印次：2023 年 9 月北京第 1 次印刷
发行：新华书店北京发行所
开本：700mm×1000mm　1/16
印张：13
字数：175 千字
定价：68.00 元